BARTHÉLEMY ET SA COLÈRE

Pour Jeanine et Maurice Bastide en témoignage de trente années d'amitié.

C.E.

NOTE DE L'ÉDITEUR

Les volumes de la collection sont imprimés en très grande série.

Un incident technique peut se produire en cours de fabrication et il est possible qu'un livre souffre d'une imperfection qui a pu échapper aux services de contrôle.

Dans ce cas, il ne faut pas hésiter à nous le renvoyer. Il sera immédiatement échangé.

Les frais de port seront remboursés.

EXBRAYAT

BARTHÉLEMY ET SA COLÈRE

PARIS
LIBRAIRIE DES CHAMPS-ÉLYSÉES
17, RUE DE MARIGNAN, 17

CHAPITRE PREMIER

L'homme suivait le littoral de la mer. Sa fatigue était si grande qu'il avait préféré s'écarter des routes fréquentées. Sur l'épaule, il portait un sac de marin en bandoulière, une guitare lui battant le flanc à chaque pas. Sur ses cheveux noirs et frisés, une casquette de pêcheur. Un homme d'une trentaine d'années au bout de ses forces. Au loin, il voyait la grande ville et, instinctivement, il ralentit encore son allure. Il ne se sentait plus fait pour les lois, les règlements, les passages cloutés. La faim le séparait de ses semblables et de leurs habitudes. Des mois? Des années? qu'il avait quitté son village de Galice pour entrer clandestinement en France avec la certitude d'y pouvoir, tous les jours, manger, boire et dormir. Il n'y était pas arrivé et depuis, il marchait dans l'espoir renaissant à chaque aube, de trouver le gîte où il pourrait enfin s'arrêter, se reposer, vivre.

Quelques kilomètres avant la ville, l'homme arriva sur une sorte de plage où des barques étaient tirées à terre et auxquelles demeuraient accrochés des filets. Au-delà de la plage, des maisons serrées les unes contre les autres pareilles aux moutons d'un troupeau craignant l'orage. Près d'une barque, un pêcheur raccommodait un filet. Un garçon qui n'avait pas dépassé la trentaine depuis longtemps. Parce qu'ils étaient apparemment du même âge, tout au moins de la même génération, l'homme à la guitare s'approcha.

— Salut...

L'autre lui sourit, le regardant avec des yeux d'une limpidité comme jamais l'étranger n'en avait encore vu.

— Salut. Tu arrives d'Espagne?

— Oui.

— Qu'est-ce que tu veux?

— Savoir...

— Quoi?

— Si on fait la charité à l'homme, ici?

Le pêcheur ne répondit pas tout de suite. Il se leva et vint à l'étranger.

— Tu es malheureux?

— J'ai faim, j'ai soif, j'ai sommeil et je suis seul.

— Tu aimes la mer?

— J'étais pêcheur de métier à Nuestra Señora de la Barqueira aux Asturies. Tu ne peux pas connaître.

— Tu as besoin de nous, ça suffit. Si tu le veux, tu pourras travailler dans ce pays.

C'était la première fois depuis son départ de la vieille maison natale qu'on n'exigeait pas des papiers, des renseignements avant de s'inquiéter de sa misère. Il en eut les larmes aux yeux.

— Je m'appelle Malàn... Ignacio Malàn.

— Et moi, Méni.

— C'est ton prénom? Ton nom?

— C'est tout ce que tu voudras parce que moi, je suis un peu comme toi, tu sais, je n'ai rien que la bonne amitié des autres pour m'aider à vivre.

Puis ils se mirent en route d'un pas égal.

C'est vrai qu'on lui disait simplement Méni. Sans doute portait-il aussi un nom que les employés de l'Assistance publique lui avaient donné et qu'il avait surtout entendu prononcer durant son service militaire, un nom dont nul ne se souciait, à commencer par lui.

Il se prénommait Barthélemy, mais on préférait l'appeler Méni. Ce diminutif suffisait à la petite communauté de pêcheurs — installée aux abords de la grande ville maritime — qui avait ses mœurs, ses lois ne ressemblant pas toujours exactement à celles de la cité si proche. Là, une poignée d'hommes et de femmes, vivant du dur travail de marin, entendaient rester entre eux. Le plus vieux — Amédée — jouait un peu le rôle de maire. On le consultait dans les cas difficiles. Alors, il réunissait ses cadets les plus proches, et ensemble ils discutaient. Ces vieux se rappelaient fort bien de l'arrivée de Méni quelque trente années plus tôt. Les Sartis l'avaient ramené de l'Assistance à cause d'un enfant mort et parce qu'ils ne pouvaient plus en faire eux-mêmes. Après la disparition des Sartis, Méni était resté.

On aimait bien Méni, un garçon travailleur, heureux de vivre et toujours de bon service. Plus brave que lui, il n'en existait pas et le curé, M. Gigas, qui venait de temps à autre visiter ces hommes et ces femmes au salut desquels il lui incombait de veiller, le donnait en exemple.

Méni ne s'était jamais marié. Il jugeait que lorsqu'on est pauvre au point de ne pouvoir s'acheter une chambre à coucher, on n'a pas le droit de demander à une femme de partager votre misère. Pourtant, s'il le lui avait demandé, Louise — sa cadette de dix ans — lui aurait dit oui tout de suite. Louise aussi avait eu bien des malheurs. Demeurée orpheline à dix-huit ans, elle gagnait sa vie en vidant, nettoyant, emballant le poisson et en aidant les autres femmes dans les travaux ménagers ou pour garder les gosses. Méni l'aimait bien et depuis longtemps; il pensait qu'elle serait une bonne épouse mais il ne voulait pas le lui demander, et à ceux qui lui reprochaient gentiment de laisser la Louise s'étioler, il répondait :

— J'ai eu mon content de peines... J'ai pas envie de mettre au monde des gosses qui en porteraient plus qu'ils pourraient...

Méni cessa de penser exclusivement à Louise le jour où Marie devint veuve. L'époux de Marie, c'était quelqu'un. Un grand et gros homme qu'on s'imaginait bâti pour vivre cent ans. Mais le cœur avait lâché, d'un coup. Sur le moment, Marie faillit devenir folle. Sans enfants, elle se retrouvait seule à trente ans. Sa première idée fut de fuir la communauté et de gagner la ville pour s'y perdre. Elle vendit la barque de Pierre, son mari, et tous ses engins de pêche, mais au moment de partir elle ne s'était plus senti le courage. Son veuvage lui pesant, elle avait jeté les yeux sur Méni. La Marie était une belle femme, et Méni, bien sûr, n'avait pas tardé à oublier Louise. Seulement, le garçon ne tenait pas à prendre une compagne ayant un petit bien alors que lui, il arriverait les mains vides. Il ne voulait pas que les méchants puissent dire qu'il épousait la Marie pour ses sous. Méni se jura de ne pas parler à la belle veuve tant qu'il n'aurait pas fini de payer sa barque et sa chambre à coucher et aussi de réparer, de rajeunir la petite maison héritée de ses parents nourriciers. Depuis qu'il savait, par les uns et les autres que Marie ne lui dirait pas non, Méni envisageait avec plaisir de mettre au monde des enfants qui — il en était certain, à présent — sauraient se débrouiller.

Enfin, le jour tant attendu finit par arriver et un beau matin, Méni se réveilla propriétaire de sa barque et de ses meubles dans sa maisonnette remise à neuf.

Le cœur de Méni battait à grands coups tandis qu'il procédait à sa toilette. Il désirait être propre comme jamais encore il ne l'avait été. Il s'était fait couper les cheveux la veille et procuré un flacon de « Mille fleurs » dont il usa abondamment. Il prit grand soin, en se rasant, de ne pas se couper car il n'y a rien comme le sang pour dégoûter quelqu'un qui aurait envie de vous embrasser. Il passa la chemise rapportée de la ville par la fille cadette d'Amédée, et mit son meilleur chandail. Ses souliers brillaient et sur ses cheveux pommadés à souhait, il posa légèrement de côté sa casquette de marin-pêcheur.

Lorsqu'il ouvrit la porte et que le soleil lui gicla en pleine figure, Méni rit. Il savait qu'une existence nouvelle commençait. Ce hameau de pauvres bicoques lui parut le plus bel endroit du monde.

Le premier qu'il rencontra — Justin — poussa une exclamation de feinte surprise.

— C'est pas Dieu possible, Méni, que ce soit toi?

Gêné, le garçon se dandinait sottement sous le regard moqueur et attendri de l'autre.

— Qu'est-ce que j'ai de si extraordinaire?

— T'es beau... Mais beau à un point!... Qu'est-ce qu'il se passe, Méni?

— Je peux pas te le dire, c'est encore un secret.

Un secret que tout le monde connaissait.

Méni marchait à travers le hameau, à pas comptés. On eût dit que sa tenue influait sur son comportement. Il évitait les flaques d'eau pour ne point salir ses chaussures si brillantes et veillait à ce que le vent ne le décoiffât pas.

Parfois, quelque enfant passait à ses côtés et chantonnait.

— T'es beau, Méni... T'es beau, Méni... Et puis, tu sens bon!

Ainsi, le garçon avançait dans un remous d'admiration plus ou moins clairement avouée et dans une onde parfumée dont la violence faisait lever les nez les plus indifférents aux odeurs. Si rares étaient ceux qu'il croisait, Méni ne doutait guère d'être épié, surveillé par des douzaines de regards à l'abri de volets mi-clos. Les femmes, rassemblées par petits groupes dans les maisons les plus proches de celle de Marie, guettaient la venue de Méni. Quand elles l'aperçurent, elles s'exclamèrent, attendries :

— Il a mis le beau costume!

— Et la belle casquette!

— Et les beaux souliers!

L'une d'elles résuma l'opinion de toutes en déclarant :

— Le pauvre... C'est bien son tour. Il le mérite son bonheur, Sainte Vierge!

Elles se signèrent, et sans que Méni le soupçonnât le moins du monde, elles tombèrent à genoux pour appeler les bénédictions du Ciel sur l'homme s'approchant de la demeure de Marie.

Bien qu'elle feignît de ne rien savoir du tout, Marie — prévenue par la rumeur chuchotée courant le hameau depuis quelque temps — avait été mise tout à fait au courant par Amédée lui-même. Pour ne point manquer aux usages, Méni avait averti l'Ancien de ses intentions. Par courtoisie, ce dernier jugea bon d'en prévenir ses acolytes, Honoré, Simon et Auguste, qui l'assistaient dans toutes les décisions importantes. Ces vieux n'avaient pas tenu leur langue et Amédée, la veille au soir, s'était rendu chez Marie. Après l'avoir saluée, il avait pris place dans le fauteuil de tapisserie dont la veuve se montrait très fière, et accepté une goutte de quinquina. Il ne parla pas, tout d'abord, de ce qui l'amenait, ce n'eût pas été correct. Il donna son avis sur le temps, sur la mer, sur la pêche, brossa au passage un portrait idéalisé du mari disparu et trouva là un enchaînement parfait pour exposer l'objet de sa visite :

— Ton homme, c'était quelqu'un de bien. Personne n'a jamais rien pu dire contre. J'avais une grosse estime pour lui... Seulement, il est mort et ça, on n'y peut rien. Toi, tu es jeune encore... Tu vas pas rester toute seule jusqu'à la fin de tes jours?

Elle baissa la tête ainsi qu'il convenait et murmura :

— Si quelqu'un me demande...

— Moi, je crois que c'est pas impossible... Je pense même que c'est possible... Naturellement, je sais rien, mais je serais toi, Marie, je nettoierais bien ma maison, et demain matin je mettrais ma plus belle robe, au cas où quelqu'un te rendrait visite... Note bien que je suis au courant de rien parce que c'est des choses qui me regardent pas. Seulement, j'ai de l'expérience et j'en sais un qui, depuis des temps, parle que de toi... Il est pas riche mais à présent sa barque lui appartient et il peut gagner sa vie... Je dirai pas de nom parce que je pourrais me tromper, hein? Alors, voilà, tu suis mon conseil ou tu le suis pas... En bref, tu agis à ton idée, ma fille... Et je souhaite que tout se passe au contentement de chacun.

Marie remercia longuement Amédée, jurant qu'elle allait faire son profit des conseils désintéressés de l'Ancien, et bien qu'elle ne sût pas de qui Amédée entendait parler. Dupes ni l'un ni l'autre, ils s'étaient quittés après une bonne grosse bise résumant leur complicité. Sitôt la porte refermée, la veuve se mit à l'ouvrage, frottant, nettoyant, lavant jusqu'à une heure avancée de la nuit. Elle en oublia de préparer son dîner et dut se contenter d'un bout de fromage et d'un quignon de pain. Levée de très bonne heure, elle avait fait la grande toilette, mis une goutte de parfum derrière ses oreilles et enfilé sa plus belle robe. Puis, consciente d'avoir accompli son devoir, de s'être, par là-même, rendu les dieux favorables, elle prit place dans le fauteuil en tapisserie, et les mains croisées dans son giron, attendit.

Une sorte de sourde et légère rumeur (parce qu'elle demeurait attentive, figée dans son attente) lui apprit l'arrivée de Méni. Elle se prépara à le recevoir, chercha l'attitude qu'il convenait d'adopter, pensa aux premiers mots qu'elle allait prononcer et, lorsqu'il frappa, elle oublia tout, prise d'une véritable panique. Elle dut s'imposer un véritable effort pour arriver à lui crier d'entrer. Mais, lorsque Méni s'encadra sur le seuil et qu'elle le vit dans son beau costume, elle ne put se retenir et pleura toutes les larmes de son corps. Un peu interloqué, Méni (également fort ému), essaya de détendre l'atmosphère en plaisantant.

— Ça, alors! Je croyais vraiment pas que rien que de me voir, ça te mettrait dans des états pareils, Marie!

Retors, il ajouta :

— ... Je veux pas que tu sois malheureuse à cause de moi, alors je m'en retourne.

Il amorça un léger — très léger — mouvement de retraite. La peur d'être abandonnée obligea Marie à triompher de ses hoquets et sanglots.

— Pardonne-moi, Méni... C'est pas du chagrin... Je saurai pas t'expliquer mais, c'est pas du chagrin, ça, tu peux être sûr... Assieds-toi seulement là, Méni... Tu as le droit de poser la casquette, va...

Il la mit doucement sur le plancher bien ciré et se gratta longuement la gorge parce qu'il n'avait aucune idée de la manière dont il devait s'y prendre pour demander sa main à Marie.

— Peut-être que tu prendrais un peu de quinquina?

— Avec plaisir.

Elle se leva de son fauteuil, tout heureuse de trouver quelque chose pour s'occuper. Quand elle versa le liquide dans le verre, elle commenta :

— Je pense qu'il sera à ton goût? Tous ceux qui en ont pris ont dit qu'il était bon...

— C'est toi qui l'as fait?

Ils partirent sur le sujet du quinquina qui les libérait de leur gêne.

— Oui. C'est mon mari qui m'a rapporté la recette...

Elle se mordit les lèvres. Quelle sotte elle était! Elle choisissait un drôle de moment pour évoquer le disparu! Elle se serait battue, la Marie! Elle ne se doutait pas que Méni, tout plein de son sujet, n'écoutait guère ce qu'elle racontait. Il savoura son verre, claqua sa langue, et bien qu'il eût été incapable de définir, même grossièrement la saveur de ce qu'il ingurgitait, il déclara :

— Fameux!... D'ailleurs, du moment que c'est toi qui l'as fabriqué, il peut être que bon... Parce que tu es une bonne femme Marie... Si, si! Une femme respectable que chacun aime bien ici...

Il était lancé sans trop savoir où il allait. Il s'en rendit compte et perdit le fil de son discours qu'il acheva prématurément par une remarque anodine alors qu'il souhaitait une déclaration enflammée.

— ... Moi, tout le premier.

Elle commençait à s'énerver et d'un ton un peu cassant, elle s'enquit :

— Au juste, t'es venu me dire quoi, Méni?

Il soupira, soulagé.

— Que j'ai fini de payer ma barque, mes meubles et que ma maison, maintenant, elle est en état de... de recevoir...

Il butait sur les mots, vaincu par sa timidité de solitaire. Elle se porta à son secours.

— ... De recevoir qui, Méni?

Ce coup-ci, c'était sa gorge qui se nouait. L'air lui manquait quasiment.

— Eh bien! Une femme... Une femme qu'aurait pas honte de se marier avec un homme qui pourrait pas plus dire le nom de son père que le nom de sa mère.

— Si tu veux mon idée, Méni, une femme qui t'aimerait, elle se ficherait pas mal de savoir qui c'était ton père!

Il sentait que le grand moment arrivait, que sa vie allait se jouer maintenant.

— Et comment je le devinerai qu'elle m'aime ou non, cette femme?

— Le plus simple, ce serait encore que tu lui poses la question!

— C'est que... C'est justement ça qui est difficile.

— Tant que ça?

Il hocha la tête. Elle rit, heureuse, confiante, maternelle aussi.

— Tu voudrais pas que je t'aide, des fois?

— Tu me rendrais un fier service!

Elle prit ses mains dans les siennes et il frémit comme un cheval dont la peau tressaille sous la mèche du fouet.

— Voyons... Tu y as sûrement pensé à cette femme que t'aimerais voir vivre dans ta maison?

— Oh! Oui... J'y pense même tout le temps!

— Peut-être que je la connais?

— Bien sûr! que tu la connais!...

— Son prénom, ça serait pas... Marie?

— Tout juste!

— Une veuve, non?
— Si... Comment tu t'y es prise pour deviner?
— Et si tu m'embrassais, grand imbécile, ça serait-y pas plus simple?

Rien qu'à le voir sortir de chez Marie avec le beau sourire lui illuminant tout le visage, ils comprirent qu'elle avait dit « oui » et qu'on serait bientôt de noce. Ce fut d'abord Amédée à qui Méni confia sa joie, et puis les autres vieux, qui vinrent s'agglomérer autour de lui. Les ancêtres trouvaient dans le bonheur échéant à Méni une preuve nouvelle de la bonté du Ciel et de sa justice. Quand Méni quitta ses amis pour regagner sa demeure où il lui tardait de se retrouver pour penser tranquillement à ce qui lui arrivait, les autres, tous les autres, hommes, femmes et enfants s'arrangèrent pour croiser son chemin et lui crier :
— Alors, Méni, c'est pour bientôt?
— Tu m'invites à la noce, Méni?
— Quand c'est qu'on arrose la nouvelle, Méni?
Et à tous, il souriait. A tous, il serrait la main. Il embrassait les plus vieilles, celles qui l'avaient connu gamin, et les vieilles s'essuyaient les yeux du coin de leur tablier en se confiant l'une l'autre :
— Mon Dieu-Jésus, qu'il est brave!
— Plus brave, il y en a pas
— Un homme comme lui, c'est une bénédiction du Bon Dieu!

— La Marie, elle connaît pas sa chance!

Ce en quoi, les vieilles se trompaient.

Le grand vent de la mer rafraîchissait Méni qui, s'étant débarrassé de tous, marchait droit vers le rivage. Il riait et se félicitait :

— Tu t'en faisais un monde et tu vois, elle a compris tout de suite, la Marie...

Il répéta ce nom de Marie comme une litanie et à chaque fois qu'il le prononçait, il avait un peu plus chaud au cœur. Il ne croyait pas encore complètement à la permission donnée de s'établir enfin parmi les hommes, de devenir un homme comme les autres, grâce à Marie.

Seulement, il y en avait une à laquelle personne ne pensait, ou s'efforçait de ne pas penser : Louise. Et Méni lui-même, que la joie rendait égoïste, n'y pensait pas non plus jusqu'au moment où, sur le chemin le ramenant chez lui, il passa devant sa maison. Louise apparut sur le seuil. En la voyant, le garçon eut de la peine à cause du chagrin qu'il allait lui infliger. Mais Louise était une courageuse et ça tout le monde le savait. C'est elle qui, bravement, mit les choses au point. Elle essaya de sourire, mais on voyait bien qu'elle se forçait.

— Méni...

— Oh! Louise... Je t'avais pas vue... Je me promenais et puis...

— ... Et puis t'aurais préféré ne pas venir par ici si t'avais su m'y rencontrer.

— Je vais te dire, Louise...

— C'est pas la peine, Méni... T'as causé à Marie?

— Oui.
— Ty y as demandé?
— J'y ai demandé.
— Elle t'a dit oui, bien sûr?
— Elle m'a dit oui... Faut pas que tu m'en veuilles, Louise, sans ça je pourrais pas être vraiment content... Parce que je t'aime bien, Louise.
— Mais tu aimes mieux Marie?
— C'est pas la même chose.
— J'aurais préféré que tu m'aimes comme tu aimes Marie. Je t'en garde pas rancune, Méni... Seulement, que j'aie du chagrin, ça dépend plus de toi... Tu sais ce que c'est quand on vit si longtemps toute seule... On se fait des idées... Moi, je m'arrêterai pas de t'aimer, Méni... et si un jour t'es malheureux...
— Et pourquoi je serais malheureux?
— Qui peut dire, Méni?
Elle rentra dans sa maison et Méni, tout son plaisir envolé, regagna sa bicoque. Juste au moment de mettre la main sur le bouton de sa porte, il s'entendit appeler par M. Gigas, le curé, qui lui ouvrait les bras.
— Embrasse-moi, mon garçon. J'ai appris la bonne nouvelle et j'en suis bien content pour toi. Marie est une excellente femme, honnête, travailleuse... Vous ferez un beau couple de bons chrétiens. Je suis sûr que vous serez un exemple pour tous et de cela, d'avance, je te remercie, Méni.
Il ne répondit pas et son silence surprit l'abbé.

— Méni... Il y a quelque chose qui ne va pas?

Il haussa les épaules.

— C'est rien...

— Tu dois me dire, Méni... Tu sais que je suis là pour t'aider.

— C'est à cause de la Louise... On vient de se causer. Elle a de la peine et moi aussi.

Le prêtre hocha la tête.

— Je m'en doute... Vos histoires d'amour ne sont jamais simples, même chez les plus simples, et pour ce qui est de trouver des remèdes...

Ce fut une belle noce. M. Gigas, ayant béni les nouveaux époux, avait pris place au banquet, à côté de Marie. Ce banquet, tout le monde s'était cotisé pour l'offrir à Méni et à sa femme, afin de leur montrer en quelle estime on les tenait. Au dessert, Amédée crut bon de prononcer un petit discours qui fit pleurer Marie et rougir Méni. Louise, suppliciée tout au long du repas, attendit que les premiers couples se missent à danser pour courir s'enfermer chez elle. A la nuit tombée, on éclaira les lampions. Une belle fête!

Le vieil Amédée souffrait d'une manie qui amusait les anciens, mais exaspérait les jeunes. Parce qu'une fois, dans sa jeunesse, il s'était rendu à Paris, il s'imaginait de bonne foi que personne ne possédait autant d'expérience que lui. Il tenait à faire profiter de cette expérience tous ceux qu'il aimait. Or, il aimait tout le monde. Ainsi, il ne voulut pas entendre parler d'aller se coucher tant qu'il n'aurait pas rempli ce qu'il estimait son devoir : parler en particulier au nouveau couple. Il oubliait, le bon Amédée, que les tourtereaux qu'il souhaitait endoctriner, n'étaient plus de la première jeunesse et que la nouvelle Mme Méni avait déjà été mariée. Mais, quoi? Il faut bien passer leurs caprices aux vieux, sinon il n'y aurait plus de vie possible. Lorsqu'Amédée appela les mariés et leur annonça :

— Faut que je vous cause...

... Méni cligna de l'œil à Marie.

Pour être plus tranquilles, ne pas être troublés par la musique, les rires et les cris, ils sortirent pour gagner la grand-route du littoral. Marie et Méni se tenaient par la main sans trop écouter le vieil homme perdu dans des discours inutiles. Ils étaient déjà assez éloignés de chez eux lorsque, dans l'ombre, quelqu'un les héla.

— Hep! Là-bas! Pourriez pas venir nous donner un coup de main?

Ils s'approchèrent et virent une voiture légèrement engagée dans le fossé, sans doute à la suite d'un coup de volant maladroit. Trois hommes s'agitaient autour du véhicule, mais deux seulement semblaient vouloir tenter de remettre l'auto sur la route. Le troisième regardait ses compagnons s'épuiser en efforts inutiles. Amédée s'avança, et avec sa manie des discours, commença à expliquer qu'étant de noce, ayant mis le beau costume, il ne pouvait — ni lui ni son ami Méni — courir le risque de se salir. Le grand type qui ne fichait rien, empoigna le vieux par le plastron de sa belle chemise et le secoua :

— Qu'est-ce que ça peut me foutre que tu sois en train de mener la belle vie, pépé? Dépêche-toi de te mettre au boulot avec les copains, sinon je serai obligé de te tirer les oreilles!

Qu'on pût parler sur ce ton au vieil Amédée dépassait l'entendement de Méni et c'est pourquoi il ne réagit pas tout de suite. Marie voulut le retenir.

— T'occupe pas, Méni. Il y a qu'à rentrer chez nous avec Amédée.

Méni écarta doucement sa femme et s'approcha de l'homme secouant le vieux. Doucement, il commanda :

— Lâche-le!

L'autre le regarda.

— Toi, t'as envie de morfler, hein?

En réponse, Méni le frappa d'un coup très sec sur le nez. Le type poussa un beuglement de douleur, et en tombant, porta les mains à son visage. La vue de son sang lui fit perdre son sang-froid. Il se releva, mit la main dans sa poche et en sortit un couteau. Ses copains lui sautèrent dessus.

— T'es pas fou, Fernand?

Mais, aveuglé par la rage, Fernand ne voulait rien entendre.

— Vous pensez pas que je vais me laisser corriger par un cave, non?

Mais l'un de ceux qui maintenaient Fernand ordonna sèchement :

— Ferme ça, imbécile! Le patron nous a

recommandé de nous tenir peinards. S'il apprend que tu joues au guignol, histoire d'être bien repéré par les poulets, sûrement qu'il sera aux anges! Ça m'étonnerait qu'il te file pas une prime... Une prime difficile à dépenser. Tu me comprends, Fernand?

L'avertissement parut apaiser la colère du furieux. Il se dégagea brutalement.

— Ça va... Mais rappelez-vous que ce gars-là, je me le farcirai un jour ou l'autre!

Pendant ce temps, revenant vers leur hameau, Amédée, Méni et Marie commentaient l'incident. Ayant relevé le numéro de la voiture, Méni décida qu'il se renseignerait auprès de son ami Châtel, inspecteur de police, pour savoir quels étaient ces gens avec lesquels il avait failli se flanquer une râclée le soir de ses noces!

En dépit des protestations de ses deux camarades, une fois l'auto remise sur la route, Fernand s'estima assez dégrisé pour reprendre le volant. Bientôt, dans la lumière des phares, apparut le trio formé par Amédée, Marie et Méni. A leur vue, Fernand ricana :

— Vous allez vous marrer les gars! Je vais te leur flanquer une de ces trouilles!

Avant que ses camarades aient pu intervenir, Fernand fonça droit sur le trio. Amédée, Marie et Méni se retournèrent et hurlèrent en voyant la voiture arriver sur eux. Mais le conducteur, d'un violent coup de freins, arrêta pile son auto à moins d'un mètre de Marie, paralysée par l'effroi. Le gars se pencha à la portière.

— Alors, poupée, on a eu les choquottes?

Après un instant de stupéfaction, Méni voulut sauter sur Fernand, mais il fut obligé d'exécuter un saut de côté tandis que la voiture se précipitait sur le vieil Amédée, obligé de courir en dépit de son âge. Les copains de Fernand essayèrent de l'arracher du volant, mais il n'y avait rien à faire. Fernand était à moitié fou.

— Je veux leur montrer à ces péquenots!

Amédée tomba, et la voiture l'évita d'un cheveu, tandis que Fernand hurlait de rire. Ses compagnons se mirent à lui cogner dessus mais, costaud, il les repoussait et partait en direction de Marie qui, à son tour, se sauva. Malheureusement, elle fit un faux pas, trébucha, tomba et Fernand n'eut pas le temps de se servir de son frein. Marie passa sous le véhicule. Subitement dégrisé, Fernand s'arrêta.

— N... de D...!

Son voisin le frappa à toute volée sur la bouche sans qu'il réagisse.

— Tu as gagné, bougre de c...!

Complètement hébété, Fernand demanda :

— Et maintenant, qu'est-ce qu'on fait?

— On fout l'camp, idiot! A moins que tu ne préfères être lynché!

Cette perspective arracha le meurtrier à sa torpeur et la voiture, sur un démarrage brutal, disparut dans la nuit.

Agenouillé près de Marie, Méni lui tenait la main.

— Marie... Réponds-moi!... Fais un effort, Marie, rien que pour montrer que t'es pas morte!... Tu vas aller mieux, tu verras... C'est la peur, rien que la peur, mais ils sont partis... Tu crains plus rien, Marie... Réponds-moi, Marie!... Pour me faire plaisir, réponds-moi, Marie!

Le vieil Amédée, à son tour, posa un genou sur la route, prit la main de Marie, lui releva les paupières, écouta son cœur et dit :

— Faut que tu sois courageux, garçon... Elle peut plus t'entendre.

— Pourquoi... elle peut plus?...

— Parce qu'elle est morte.

— Morte?... Morte?... Morte?...

Il répéta le mot comme s'il n'en comprenait pas le sens et brusquement, il se mit à hurler :

— C'est pas vrai!.. C'est pas vrai!... C'est pas vrai!...

Et puis, il s'effondra auprès du cadavre.

— Marie, tu sais bien que je t'aime, hein, Marie?... Tu peux pas me faire ça, dis, Marie?... Tu peux pas me quitter déjà, dis, Marie?

Amédée tapa doucement sur l'épaule de son ami.

— Elle te répondra plus sur cette terre, Méni...

Méni leva vers le vieux un regard noyé de larmes et demanda :

— Mais pourquoi?... Pourquoi?

Amédée soupira, et comme s'il s'agissait d'une vérité d'expérience :

— Parce que le monde est une saloperie!

On dansait encore, on riait encore, on s'amusait encore. Ignacio Malàn grattait toujours sa guitare. On était encore heureux lorsqu'Amédée apparut précédant Méni qui portait Marie dans ses bras. Les premiers qui les virent ne crurent pas à un accident et plaisantèrent. Mais bientôt le visage du vieux et les larmes mouillant la figure de Méni étouffèrent une à une les chansons, arrêtèrent les danseurs, suspendirent les conversations. Très vite, le trio s'enfonça dans la foule comme un socle de charrue dans la terre meuble. Ils finirent par avancer entre deux haies où les hommes ôtaient leur casquette, les autres se signaient, et, inlassablement, Amédée répétait :

— Ecartez-vous, un grand malheur... Ecartez-vous, un grand malheur... Un grand malheur, écartez-vous...

CHAPITRE II

Dans ce commissariat de banlieue, les agents s'ennuyaient. Ils trompaient l'ennui de la longue et quotidienne attente d'événements hypothétiques, en jouant aux cartes, sauf le chef, Morel — un intellectuel — qui préférait se cultiver en lisant les bons auteurs durant ses heures de garde. Le chef regarda la pendule, bâilla à se décrocher la mâchoire en pensant à tout le temps qu'il devrait encore couler avant qu'il ait le droit — la conscience en repos — de réintégrer son domicile où, sur la table de la cuisine, Yvonne lui aurait laissé de la viande froide, une salade et du fromage avec le litre de vin. Il mangerait puis il irait se coucher, et Yvonne grognerait quand il se glisserait dans le lit, à ses côtés, de même qu'il grognerait quand, au matin, elle se lèverait. Une drôle d'existence... Ah! Si c'était à refaire! Mais ce n'est jamais à refaire et le chef Morel commençait à en prendre conscience.

Les trois collègues de Morel jouaient à la

belote, et par des colères feintes, des véhémences sans conviction, des indignations sans passion, se donnaient l'illusion de vivre. Les plus moroses d'entre eux songeaient que durant bien des années encore ils joueraient à la belote pour tromper leur ennui ou leur envie de dormir. Un jour enfin, la retraite viendrait. On irait s'établir à la campagne et on rejouerait à la belote pour tenter d'oublier la vieillesse. Oui, une drôle de vie...

Le chef Morel peinait sur une page d'André Gide — plus encore que son grade, ses lectures établissaient des différences hiérarchiques infranchissables entre les simples agents et lui — lorsque la porte s'ouvrit devant Méni.

Tous, au commissariat, connaissaient bien Méni, le hameau où il habitait étant sous leur autorité. Ils le savaient bon et brave garçon. Aussi le chef fut-il surpris de voir le pêcheur dans son beau costume, et de surplus, avec un curieux air, comme s'il s'était battu ou qu'il eût pris un commencement de cuite.

— Salut, chef...

— Salut, Méni. Tu te promènes bien tard, aujourd'hui. Ce n'est pas dans tes habitudes, pourtant?

Les autres s'étaient arrêtés de jouer, intéressés par l'événement qui les arrachait à leur torpeur. Inquiet, Morel s'enquit :

— Ça va tout de même comme tu veux, Méni?

— Non, Monsieur Morel... Je peux pas dire que ça aille comme je veux...

A ce moment, le chef s'aperçut que Méni pleurait. Il le prit par l'épaule.

— Qu'est-ce qu'il se passe, Méni?

— J'aimerais bien parler à M. Châtel.

— L'inspecteur? Mais à cette heure-ci, où veux-tu que je le trouve?

— Vous connaissez son adresse?

— Je crois que oui, mais le déranger au milieu de la nuit, tu te rends compte?

— M. Châtel m'avait dit que je pourrais toujours l'appeler au secours quand j'en aurais besoin.

Les joueurs de cartes quittèrent leur table pour se rapprocher du pêcheur. Tous sentaient confusément que quelque chose d'insolite se déroulait sous leurs yeux sans qu'ils en comprennent encore la nature.

— Méni... Sans me mêler bien sûr de ce qui ne me regarde pas, pourquoi tu crois nécessaire d'appeler l'inspecteur au secours?

— Parce que ma femme est morte.

— Ta femme? Je te croyais célibataire?

— Je suis marié de ce matin.

— Alors ça, c'est un vrai malheur...

Morel regarda ses collègues et tous hochèrent la tête pour montrer qu'ils partageaient l'opinion du chef, qui reprit la parole.

— Comme je te l'ai dit, Méni, que ta femme soit morte ce soir alors que tu l'as épousée ce matin, c'est un malheur comme on n'en voit pas tous les jours, mais en quoi ça regarde l'inspecteur?

— Parce que ma femme a été tuée.

Il avait prononcé ces mots terribles sans élever la voix, et ceux qui l'écoutaient éprouvèrent tous un grand désir d'aider ce garçon.

— Attention, Méni! Tu veux dire que ta femme, on l'a assassinée?

— Oui.

Le chef commença à se gratter la nuque. La grosse histoire. Il aimait bien Méni. Il compatissait, mais tout de même, un meurtre, c'est des ennuis à n'en plus finir...

— Tu soupçonnes quelqu'un?

— L'assassin était en voiture. J'ai retenu le numéro.

Morel respira.

— Un accident sur la grande route?

— Non, c'est pas un accident, l'homme a fait exprès d'écraser Marie...

Le chef regarda Méni d'un autre œil!

— Tu n'aurais pas des témoins, par hasard?

— Si, le vieil Amédée.

Le chef connaissait depuis toujours le vieil Amédée et savait qu'on pouvait se fier à lui.

— Bon! Eh bien! Pour te faire plaisir et pour te montrer que je suis ton ami, je vais téléphoner à l'inspecteur Châtel; pendant ce temps, Dulac prendra ta déposition.

— Ça veut dire quoi?

— Tu raconteras à Dulac tout ce qui s'est passé et tu tâcheras de donner le plus de détails possibles, hein? Et t'en fais pas, Méni, on le retrouvera, le salaud, et on lui fera payer!

— Je le sais.

Morel était toujours ému par cette foi dans la justice des petites gens. Il téléphona à l'inspecteur Châtel et fut assez mal reçu, mais lorsqu'il eut cité le nom de Méni, les choses changèrent. L'agent raccrocha, surpris. Il rejoignit son collègue Dulac qui interrogeait le pêcheur.

— Il y a longtemps que tu le connais, l'inspecteur Châtel?

— On a été au service militaire ensemble... On était des vrais copains et puis lui, bien sûr, c'est devenu quelqu'un mais ça n'empêche pas qu'il s'amène trois quatre fois l'an chez moi et qu'on se paie une balade en mer tous les deux.

— Il arrive tout de suite.

Le chef s'apprêtait à regagner sa table lorsqu'il songea à quelque chose.

— A propos, qui c'était ta pauvre femme?

— Marie.

— Marie... Comment?

— Marie.

— La veuve.

— La veuve de Pierre?

— Oui.

Morel en siffla de surprise.

— Eh bien! Dis donc! T'en as de la chance!

Puis, se reprenant aussitôt, il ajouta :

— ... S'il n'y avait pas eu ce malheur, comme de bien entendu.

L'inspecteur Châtel passait pour un dur dans le Milieu où on le redoutait. Plusieurs fois déjà, lorsqu'il se fut avéré qu'on ne pouvait l'acheter, on avait tenté de le compromettre dans de sales histoires, mais il possédait la confiance totale de ses chefs. Alors, on essaya de l'abattre mais il demeurait sur ses gardes, et la pègre n'ignorait pas que la mort de l'inspecteur serait suivie de terribles représailles. Châtel, un homme grand, maigre, demeurait célibataire car il n'aimait que son métier.

Il entra, et après un rapide salut au chef et aux agents, il alla vers Méni, le prit par le bras et l'entraîna dans un bureau vide. Morel jugea que l'inspecteur manquait un peu de savoir-vivre.

Dans le bureau, Méni raconta son histoire à Châtel. Lorsqu'il eut terminé, le policier lui assura :

— Du moment que tu as pu relever le numéro de la voiture, ça ne devrait pas être difficile de retrouver l'assassin. A moins, évidemment, que l'auto n'ait été volée... Méni, je regrette de ne pas être venu à ta noce, j'aurais vu ta Marie... Mais j'ai pensé que je n'avais pas le droit de me glisser parmi vous, dans votre communauté... Je ne sais pas si tu peux me comprendre... J'aurais eu l'impression de me mêler de ce qui ne me regardait pas.

— Si vous voulez la voir, maintenant, Marie?

On avait allongé Marie dans son beau costume, au creux de sa maison. Autour du grand lit, les vieux étaient rangés et récitaient des prières. M. Gigas ordonnait le chœur parlé. Dans l'autre coin de la chambre, des hommes et des femmes, figés dans le silence. En entrant, Châtel eut le sentiment de pénétrer dans un univers particulier. Il se sentait importun, coupable. Il regardait cette Marie qu'il n'avait point connue de son vivant. Elle dormait, les mains jointes sur un chapelet. Des hommes, des femmes entraient, en dépit du tard de l'heure. Ils demeuraient un instant sur le seuil, intimidés, puis ils avançaient à petits pas maladroits jusqu'au lit. Ils prenaient le rameau de buis, aspergeaient le corps et revenaient vers Méni. Les femmes l'embrassaient sans rien dire; les hommes lui serraient la main, et la gardant un instant dans la leur, chuchotaient :

— On est de cœur, tu sais?... Allez, va, reprends-toi, pauvre... C'est pas juste...

Parce que l'éternelle révolte en face de la mort les secouait, ils ajoutaient :

— ... M. Gigas, il racontera ce qu'il voudra, c'est pas juste.

A l'entrée de Châtel, tous avaient tourné les yeux vers lui. Dans ces regards, le policier lut une confiance sans borne qui lui fit honte. Ces gens simples s'imaginaient que la justice était une chose aussi simple qu'eux. Comment les détromper? Amédée, sur un signe de l'inspecteur, sortit avec ce dernier. Il lui raconta la même histoire que Méni et Châtel sut qu'il disait vrai, que Marie avait été sciemment tuée par un voyou qui entendait « rigoler ». A cette idée, ses poings se serraient. Le tenir, ce salaud... Le tenir quelques minutes seulement...

Amédée et Méni accompagnèrent le policier jusqu'à la grand-route. L'inspecteur embrassa le veuf.

— Je compte sur toi pour te montrer courageux... Tu sais que tu peux t'appuyer sur tous...

Méni lui sourit.

— A présent que vous vous en occupez, j'ai confiance...

Amédée opina :

— Tous nous avons confiance. Nous sommes sûrs que vous arrêterez cet assassin et qu'on lui coupera le cou!

Cette confiance étouffait le policier, repartant dans sa voiture.

***

Au matin, Méni gagna le bord de la mer. Il titubait de fatigue. Il faillit se baigner mais il eut obscurément conscience que s'il entrait dans l'eau, il n'en ressortirait pas. Trop de chagrin, trop de fatigue. Assis, face aux vagues venant mourir à ses pieds, il essayait — en vain — de comprendre pour quelles raisons un homme qui ne le connaissait pas, qu'il n'avait jamais vu, avait tué Marie, pour rien.

Méni resta longtemps fermé dans des réflexions ne le menant nulle part. Il se sentait perdu. Comment allait-il vivre sans Marie? Il retardait, inconsciemment, le plus possible, le moment de rentrer chez lui, de retrouver, dans un cadre trop familier, la solitude dont il se croyait à jamais débarrassé. Face à la mer, Méni se dressa, s'étira et se retourna en direction de sa maison. Alors il les vit tous, serrés les uns contre les autres, et qui le regardaient. Parce qu'il ne pouvait plus pleurer, il se mit à crier :

— Et alors? Vous m'espionnez à présent? Vous me prendriez pas pour une bête curieuse, des fois?

Il marcha sur eux, les poings serrés. Amédée étendit le bras, ainsi qu'on le fait pour calmer une bête ombrageuse.

— Déparle pas, Méni! On est là d'amitié... On t'espionnait pas. On te surveillait parce qu'on craignait que tu aies des idées de te périr... On a déjà bien de la peine du départ de la Marie, on voudrait pas que tu t'en ailles aussi...

Sa colère envolée, un peu honteux aussi, Méni embrassa le vieux.

— Rassure-toi, Amédée, j'ai pas envie de mourir. Ça me rendrait pas la Marie et puis j'ai un travail à terminer.

— Un travail? Quel travail?

— Vous croyez quand même pas, tous tant que vous êtes, que je veux pas voir couper le cou à l'assassin?

Ils s'en allèrent, rassurés, et Méni put rentrer chez lui. Au moment où il atteignait son seuil, on l'appela :

— Méni!

Il n'avait pas besoin de se retourner pour savoir que Louise l'appelait. Hargneux, il la regarda.

— Qu'est-ce que tu veux?

— Te causer.

— Pour me dire quoi?

— Que j'ai de la peine.

— C'est pas vrai!

Elle le contempla, stupéfaite.

— Comment tu peux dire une chose pareille!

— Non! C'est pas vrai! Tu es contente qu'elle soit morte! Parce que tu te dis : « Maintenant je vais peut-être y mettre la main, sur le Méni! » Voilà ce que tu penses!

Elle le regarda encore un instant, et lui tournant le dos, s'éloigna :

Méni hésita, mais en brave garçon, il eut honte de son injustice et courut pour la rattraper.

— Louise... Je te demande pardon, mais je suis si malheureux... Si tu savais...

— Je sais, Méni, et c'est pourquoi je suis venue.

— Je te remercie, Louise, mais à présent il faut que je reste seul avec ma peine... Il faut qu'elle me sorte du corps, tu comprends?

— Je comprends.

Au soir de ce même jour, l'inspecteur Châtel vint chercher Méni et l'emmena dans un bureau où on lui montra un tas de photos en lui demandant si, par hasard, le visage de l'assassin de Marie ne s'y trouvait pas. En moins d'un quart d'heure le pêcheur repéra le portrait de Fernand Malifaux.

— Le voilà!

Le policier poussa un soupir.

— Je m'en doutais...

— Vous savez où il se cache, ce maudit?

— Il ne se cache pas, Méni.

— Alors, vous allez l'arrêter?

— Bien sûr!... Bon, je te fais ramener chez toi et dès que j'ai quelque chose de nouveau, je t'appelle.

— Puisque vous savez où il est, ça sera plus long à présent!

Châtel préféra ne pas répondre.

L'inspecteur avait la réputation — justifiée — d'être constamment de mauvaise humeur. Ce caractère acariâtre tenait à ce que le policier ne parvenait pas à admettre que — sous prétexte qu'ils bénéficiaient de hautes protections — nombre de malfrats, de truands, de voyous puissent narguer la loi que lui, Châtel, représentait. L'aventure pitoyable de Méni l'irritait plus encore car il connaissait l'homme, un tueur de Charles Berry, c'est-à-dire un des plus puissants caïds du pays. Le pêcheur parti, le policier s'en alla sans dire au revoir à ses collaborateurs. Ces derniers, habitués à ses manières, n'en montrèrent nulle amertume. Ils se contentèrent de soupirer :

— Le patron a encore la rate au court-bouillon!

A l'heure de l'apéritif, Châtel se trouvait dans une rue débouchant sur le port. Il y avait là un bar, rendez-vous de tous les mauvais garçons, à l'enseigne de *Chez Casimir*. Le policier entra. Son apparition tarit d'un seul coup le flot des conversations. Heureux de sentir sur lui ces yeux dont la haine s'affirmait presque palpable, l'inspecteur avançait lentement, s'arrêtant à chaque table pour en dévisager les occupants. Il arriva ainsi jusqu'au zinc où Casimir, le patron, vieux cheval de retour, lui demanda, aimable :

— Qu'est-ce que vous prenez, monsieur l'Inspecteur principal? C'est ma tournée!

Châtel s'appuya des deux mains sur le zinc et avança vers Casimir un visage mauvais.

— Un de ces jours, ce sera la mienne, de tournée, Casimir, et celle-là tu auras du mal à la digérer!

— Mais, monsieur l'Inspecteur, je suis poli avec vous!

— Je me fous de ta politesse, vu? Ce que je veux, c'est savoir où je peux rencontrer Fernand Malifaux?

— Vous êtes après lui, monsieur l'Inspecteur?

— Si on te le demande, tu répondras que tu n'en sais rien. Où est-il?

Casimir hésita mais réalisant très vite que cela ne servirait à rien, d'un mouvement de tête, il désigna l'arrière-salle.

— Il joue aux cartes avec des copains.

Naturellement, pendant cet échange de répliques, on était allé prévenir Fernand, si bien que lorsque Châtel pénétra dans l'arrière-salle, Malifaux et ses amis feignirent de ne pas voir le policier se plantant devant leur table.

— Salut, Fernand!...

Sans relever la tête, l'homme répondit par un grognement. Châtel l'empoigna par le plastron de sa chemise et l'obligea à se dresser.

— Quand je te fais l'honneur de t'adresser la parole, tu dois te lever, ordure!

Livide, le truand porta instinctivement la main à l'échancrure de sa veste.

Le policier ricana :

— C'est ça! Sors ton feu et tu n'en auras pas chagrin!

— Vous me cherchez, Inspecteur... Un de ces jours, vous me trouverez!

— Tu me tireras dans le dos? A moins que tu ne m'écrases comme tu as écrasé cette malheureuse femme, cette nuit, au quartier des pêcheurs?

Le regard de l'autre dériva et l'inspecteur comprit que Méni ne s'était pas trompé.

— Je sais pas ce que vous racontez! J'ai écrasé personne!

— Tu mens, crapule! Le mari de cette femme a reconnu ta photo!

— Il s'est gourré! D'ailleurs, hier, j'ai passé la journée avec des amis, à la campagne. J'ai des témoins, autant que vous en voudrez!

— J'en suis sûr, mais cette fois, Fernand, je serais étonné que tu t'en sortes même avec l'aide de ton patron. Je ne serais même pas surpris que ce soit lui qui t'enfonce. Il n'aime pas les histoires, Berry, et le crime imbécile que tu as commis, c'est le type même de la sale histoire.

En se rasseyant, Fernand trouva à son pastis un drôle de goût.

***

Comme il se doit, ils étaient tous présent à l'enterrement. Dans le cortège, Châtel regardait les hommes et les femmes l'entourant. Il se sentait terriblement étranger alors qu'il aurait voulu être des leurs. Amédée marchait à côté de Méni. Le curé prit la parole près de la fosse où l'on avait descendu Marie, pour les supplier de ne point nourrir de ressentiment contre Dieu, de ne pas se permettre de juger la Volonté divine, que ce qui semblait inexplicable ici-bas, s'expliquerait dans le Ciel et que ce qui nous semblait aujourd'hui une effroyable injustice nous apparaîtrait peut-être un jour comme une marque de tendresse, d'affection particulière car le Seigneur impose de dures épreuves à ceux qu'Il aime. Le brave M. Gigas bafouillait un peu, dérapait dans ses phrases, butait sur les mots car il se rendait parfaitement compte, en face de ces visages fermés, durs, hostiles, que ses paroles ne servaient à rien et que l'Eternel ne lui rendait pas toujours la tâche facile.

Après l'enterrement, Châel rejoignit Méni, que les autres voulaient entraîner.

— Il faudrait que je te parle.

Le veuf se débarrassa de ses amis qu'il promit de rejoindre et resta avec le policier.

— Alors?

— D'abord, au sujet de ta femme... Je ne sais pas trop quoi te dire. Je ne trouve pas les mots qui conviendraient... C'est difficile...

— Vous avez pas besoin de parler... Je vous entends tout de même et je vous remercie.

Ils firent quelques pas en silence, puis Châtel s'enquit :

— Et maintenant, qu'est-ce que tu envisages?

— A propos de quoi?

— A propos de celui qui a tué ta femme?

— Lui faire couper le cou, pardi!

Gêné, l'inspecteur remarqua :

— Ce ne sera peut-être pas aussi facile que

tu te l'imagines. Ce Fernand a des protecteurs puissants.

— Et alors? Protecteurs ou pas protecteurs, la justice c'est la justice. Devant, il n'y a pas de petits et de grands... Cet homme, il a tué ma femme exprès, sans la moindre excuse... C'est obligé qu'on le condamne à mort, non?

— Ça devrait être ainsi.

— Et pourquoi ça le serait pas?

— Pour des raisons que tu ne comprendrais pas, Méni, et que tu as, dans un sens, bien de la chance de ne pas comprendre. La vie ne ressemble pas exactement à ce que tu crois.

Sur une dernière poignée de main, Châtel s'éloigna et Méni, au vieil Amédée qu'il rejoignait, confia :

— Ce Châtel, il est brave, ça, personne peut dire le contraire, mais tout de même, par moment, il a de drôles d'idées!

Cependant, Méni n'était pas au bout de ses surprises car lorsqu'il poussa la porte de sa maison, il en trouva deux tranquillement installés, le chef Morel et un de ses agents.

— Comme ça, vous vous bilez pas, à ce que je vois?

Le chef se leva, imité par son collègue.

— Tu nous excuseras, Méni, mais on ne tenait pas à ce qu'on nous remarque et c'est pourquoi, ta porte n'étant pas fermée, on s'est permis d'entrer... Si je n'avais pas endossé l'uniforme, je serais allé au cimetière rien que pour te marquer ma sympathie.

— Je vous remercie bien, chef.

— Ça vient du cœur, Méni... Seulement on est de service, on est même chez toi pour le service... Pour te rendre service.

— Me rendre service? Qu'est-ce que j'ai fait?

— Une imprudence, si tu veux mon avis.

— Une imprudence?

— Tu as parlé trop vite... Tu as trop vite reconnu la photographie de Fernand, tu as trop vite accusé, quoi!

— Ce coup-là, j'y comprends plus rien!

— Ecoute-moi, Méni : tu te doutes à qui elle appartient la voiture que tu dis avoir écrasé ta femme?

— Non.

— A Berry! A Charles Berry, le roi des gangsters!

— Et après?

— Après? Pauvre Méni... Tu le connais, Charles Berry?

— Jamais entendu parler!

— Je suis ton ami, Méni... Ton ami pour de vrai et je te conseille vivement d'arranger les choses parce que ce Berry, si la fantaisie lui en prend, il te réduit à rien du tout. Encore bien beau s'il ne t'envoie pas en prison!

— Moi? On me mettrait en prison parce qu'on a tué ma femme?

— Non, parce que tu accuses à tort, et ça, c'est la calomnie... Une chose grave, et qui peut te coûter cher...

— Vous trouvez que j'ai pas assez payé, chef? Et puis, qu'est-ce que j'ai à en foutre, moi, de ce Charles Berry? Je l'accuse de rien, cet homme-là! C'est Fernand qui a tué Marie!

— Je sais, Méni, je sais... Seulement, vois-tu, ce Fernand, il est au service de Berry et Berry affirme que Fernand il n'a pas pu écraser ta femme puisqu'à l'heure où ça s'est passé, ils étaient ensemble à cinquante kilomètres d'ici.

— Il ment!

— Il y a des chances... Mais comment le prouver?

— Je dirai au juge que je le jure sur la croix du Christ!

Les deux policiers échangèrent un coup d'œil apitoyé et Morel tenta une dernière fois d'amener Méni à une plus juste compréhension des événements.

— La mort de ta femme, Méni, c'est un malheur, un grand malheur, et là-dessus, personne ne discute. Seulement, pourquoi aggraver tes misères? Et c'est ce que tu risques en te frottant à Berry ou à Fernand, ce qui est pareil... Ils sont trop forts pour toi!

Obstiné, le pêcheur secoua la tête.

— Je vous respecte, chef, parce que je sais que vous êtes quelqu'un de bien, mais là, ou vous me faites marcher ou vous vous trompez. Il y a la justice, et moi, je crois en la justice. Les juges, ils seront pour moi! Un Berry peut pas les intimider, hein? Ce sont des hommes qui ont les cheveux blancs et des décorations, alors?... Moi, je vous affirme que Marie sera vengée et je veux pas penser, chef, que vous ayez pas plus confiance dans la justice que vous représentez.

— Tu agiras à ton idée, Méni, je t'aurai prévenu, c'est tout. Allez, porte-toi bien...

Les agents regagnèrent leur voiture sans échanger un mot, pas tellement fiers de défendre un monde truqué. Lorsqu'ils furent installés, Morel annonça à son adjoint :

— Attention, Dulac! Si tu dis seulement le quart de ce que je pense de nous et de notre métier, je te fais déplacer!

***

Quoi qu'il en ait prétendu, Méni avait été impressionné par les remarques du chef Morel qu'il estimait. Pas une seconde, cependant, il ne lui vint à l'esprit que ses visiteurs étaient dans la vérité. Homme de réflexion simple, de jugement court, il savait et ne voulait savoir qu'une chose : quelqu'un avait tué exprès Marie et il s'affirmait impossible que cet homme échappât, d'une manière ou d'une autre, au châtiment mérité. Personne nc possédait droit de vie ou de mort sur son prochain et les juges se trouvaient justement là pour punir ceux qui transgressaient la loi commune. Toutefois, le pêcheur se sentait un peu perdu avec l'obscur sentiment de côtoyer un monde inconnu. L'inspecteur d'abord, les gendarmes gendarmes ensuite... Et pourtant, ce n'était pas possible!

La vue de Louise qui entrait apaisa le cœur de Méni. Il lui sourit.

— Tu es venue, Louise...

— Les agents? Pas de nouveaux ennuis au moins?

— Tu devinerais jamais!

Il lui raconta la visite et son objet.

— Entre nous, Louise, ces types qui n'ont pas confiance dans ce qu'ils sont chargés de défendre, ils me dégoûtent un peu. Comme si j'estimais que les poissons ramenés dans mon filet ne sont pas bons et que j'aille quand même les vendre. Non, ils ont beau dire tout ce qu'il leur passera par la tête, moi j'ai confiance dans la justice. Je raconterai au juge la vérité et la vérité, hein! personne peut rien contre? Et les juges, qu'est-ce qu'ils cherchent, Louise? La vérité, non?

— Fasse le Ciel que tu aies raison, Méni.

— Parce que toi aussi, tu te méfies de la justice?

Elle baissa les yeux pour répondre :

— Pas tellement...

— Eh bien! Je te plains... Et puis tu devrais pas venir chez moi alors que Marie elle a même pas eu le temps de s'habituer au cimetière, les autres, ils seraient capables de s'étonner!

— Pourquoi? Tout le monde est au courant que je t'aime et si, dans les moments difficiles, ceux qui vous aiment se portaient pas à votre secours, qui viendrait?

— T'as peut-être raison, c'est pas une excuse pour me regarder avec des yeux de merlan frit!

— Je peux pas te regarder autrement!

Faussement fâché, Méni leva les bras au ciel.

— C'est malheureux, tout de même! Enfin, qu'est-ce que tu me trouves? Je suis plus bien jeune, je suis pas beau, j'ai pas le sou... Alors, quoi?

— Pour moi, tu es le plus beau du monde! S'entendre dire qu'on est le plus beau du monde, même si on est convaincu que ce n'est pas vrai, ça vous chatouille agréablement.

— Je vais au café rejoindre les autres, Louise... A mon idée, tu devrais pas parler comme tu le fais dans des circonstances aussi... délicates, mais je dois t'avouer que... que j'en éprouve du plaisir...

Louise lui adressant un beau sourire, Méni se hâta d'ajouter :

— Oh! Mais attention, hein? Un tout petit plaisir... Si petit que même si Marie est au courant, je suis sûr qu'elle m'en veut pas.

— Si Marie t'aimait comme je t'aime, elle peut pas désirer que tu sois malheureux tout le reste de ta vie... Je sais bien, Méni, que c'est pas le moment de causer de cette façon, mais je t'ai attendu depuis assez d'années pour plus vouloir perdre trop de temps... Parce que si on attend encore, Méni, j'aurai plus de dents pour manger le gâteau de la noce!

CHAPITRE III

Charles Berry arrivait à cet âge où les truands ayant réussi acquièrent des goûts bourgeois. Il entretenait encore des hommes de main parce qu'il lui fallait bien se prémunir contre toutes les éventualités, les jeunes ayant les dents fort longues et peu de respect pour leurs aînés. Mais ses vraies batailles se livraient maintenant devant les tribunaux commerciaux. Il entretenait à son seul service un avocat au passé douteux — Me Léon Craponne — dont chacun se plaisait à saluer la parfaite connaissance du Code. Riche, son argent placé dans des affaires sûres, une partie de ses disponibilités à l'étranger, Charles Berry pouvait regarder l'avenir sans inquiétude. Sa femme, Juliette, qui comptait de belles années de service dans toutes sortes d'activités plus ou moins régulières, atteignait la quarantaine et n'aspirait plus qu'à mener une existence de fonctionnaire retraitée. C'était une femme de goûts simples et quand il arrivait que son époux se donnât l'illusion d'une jeunesse retrouvée ou sauvegardée en la trompant quelque peu, elle savait fermer les yeux et attendre qu'il revînt de lui-même à son train-train paisible, à ses gouttes pour le cœur et à ses pilules pour le foie. Pendant vingt ans, Juliette avait accumulé suffisamment d'expérience pour s'en tenir aux réalités de la vie.

Depuis qu'il avait abandonné l'existence du hors-la-loi, les coups de revolver, les règlements de compte, Berry s'arrangeait pour n'avoir jamais affaire à la police. Il en arrivait à ce stade où l'on préfère acheter les hommes plutôt que les tuer. Il s'était aperçu qu'en définitive, cela coûtait moins cher. Versant chaque mois les pots de vin où cela s'avérait nécessaire pour que son commerce, toujours aux limites de la loi, ne souffrît point trop de curiosité intempestive, il se comportait en « businessman » soucieux de ses responsabilités. Ses tueurs — plus ou moins à la retraite — ne servaient que pour décourager des concurrents ou protéger les biens de Charles contre des avidités illégitimes. Aussi on peut deviner ce que fut la colère du vieux truand lorsqu'il apprit le geste criminel de Fernand qu'il convoqua aussitôt. En l'attendant, il s'entretenait avec son avocat-conseil.

— Alors, hein? Vous vous seriez attendu à ça?

— Avec des gens de la sorte de Fernand, des brutes pour dire le mot, il faut tout prévoir...

Autant Berry était lourd, congestionné, légèrement asthmatique violent, autant Me Craponne apparaissait chétif, malingre; il n'élevait jamais la voix car une sérieuse maladie de cœur mettait constamment ses jours en péril et lui rendait toute colère meurtrière. Charles gueulait, Léon susurrait. L'avocat faisait penser à la rémora collée au ventre du requin.

Lorsque Fernand se présenta, penaud, l'oreille basse, Berry se contenta de le regarder et de cracher :

— Fumier!

— Mais patron...

Une gifle lui coupa la parole.

— Va t'asseoir là-bas et ne parle que si je t'interroge! Et vous, Maître, allez-vous vous décider à trouver quelque chose pour amortir le coup, oui ou non? Si vous n'êtes plus capable de rien, avouez-le franchement! Tous ces types que je paie! Qui vivent à mes crochets!

L'avocat leva une main diaphane.

— Je vous en prie, Charles, cessez de crier. Vous savez que je suis cardiaque et qu'une émotion trop forte peut me tuer.

— Et alors? Vous ne vous imaginez quand même pas qu'on mettrait les drapeaux en berne, non? Vous ne pouviez pas arrêter la plainte de cet imbécile?

— Un imbécile dont on a tué la femme, une femme qu'il venait d'épouser le jour-même.

— Je m'en fous!

— Nulle puissance au monde ne peut empêcher le dépôt d'une plainte surtout lorsqu'il s'agit d'un crime. Quoi qu'on fasse, nous devrons nous rendre devant les juges, Charles.

Le chef de l'Etat lui-même, à moins d'un abus de pouvoir, ne saurait vous en dispenser.

— Nul n'ignore que Fernand appartient à mon équipe! Penser que je me crève à susciter le moins de commentaires possibles, que je m'efforce de passer inaperçu et il faut que ce crétin...

Berry courut à Fernand et le frappa violemment sur la bouche, histoire de soulager ses nerfs. L'homme encaissa le coup sans murmurer, se contentant d'essuyer le sang coulant de sa lèvre fendue.

— Et si je te faisais descendre par Maurice et Albert, hein? Il aurait bonne mine le plaignant!

— Moi aussi, patron...

— Toi, ça m'est complètement égal... Je me demande, au fond, si ce ne serait pas la bonne solution?..

— Patron, vous ne pouvez pas...

— Ta gueule!

Me Craponne intervint.

— Trop tard, Charles... Il aurait fallu éliminer Fernand tout de suite et on aurait essayé de mettre sa mort sur le compte de la vengeance du mari. Maintenant, tout le monde devinerait ce qui se serait passé et vos ennemis sauteraient à pieds joints sur l'occasion de vous démolir.

Fernand, délivré de sa peur, respira.

Berry repartit dans sa colère et insulta le meurtrier.

— Cochon! Voyou! Bon à rien! Faut-il être bête pour s'entourer de types de cet acabit! Je dois être cinglé, ma parole! Et les deux autres crétins qui se trouvaient avec toi, ils ne pouvaient pas t'empêcher de commettre ta connerie? Ils auront de mes nouvelles, ceux-là aussi! Pour qui te prends-tu, dis, espèce de dégénéré? Alors, pour se distraire, Monsieur écrase une femme, rien que ça!

— J'étais soûl...

— Tu iras raconter ça au jury, crétin! Idiot! Et pourquoi, une fois que tu as eu bousillé la bonne femme, n'as-tu pas éliminé le mari? Au moins, on serait tranquilles! Mais compter sur toi pour achever un boulot proprement, c'est trop te demander! Et vous, l'avocat, qu'est-ce que vous proposez pour sortir cet abruti de la gadoue où il s'est jeté la tête la première?

— Une jolie collection de faux témoignages.

— Expliquez!

— On prouvera que Fernand a passé la journée et toute la nuit du meurtre dans votre villa où vous l'aviez invité ainsi que d'autres amis qui se feront une joie de confirmer vos dires.

— Vous estimez que ça prendra?

— Pourquoi non? Tous jureront de dire la vérité, rien que la vérité. Alors?

Charles regarda fixement Fernand.

— Je souhaite pour toi que ça marche. Fous-le camp! Je t'ai assez vu!

Le meurtrier n'attendit pas qu'on lui répétât l'ordre et disparut. Accablé, Berry se confia à son confident habituel :

— Admettre que tant d'efforts consentis pour arriver à une situation stable puissent être réduits à néant par la faute de voyous de cette espèce, il y a de quoi se flanquer la tête contre les murs!

— Je suis là, Charles, aujourd'hui comme hier. Je vous tirerai de ce mauvais pas comme je vous ai sorti de bien d'autres guêpiers.

— Merci, mon vieux... N'en parlez pas encore à Juliette. Je préfère la mettre au courant moi-même. Elle va triompher. Depuis le temps qu'elle me conseillait de me débarrasser de cette équipe de bons à rien...

— Mme Berry est une femme de jugement. Je pense que vous seriez bien inspiré, Charles, de l'écouter de temps à autre.

Vieilles crapules fatiguées, les deux hommes glissaient sur la pente des attendrissements faciles lorsque, sans se donner la peine de frapper, Châtel entra. Tout de suite Berry regimba.

— En voilà des façons! Vous ne pourriez pas vous faire annoncer?

Gardant son chapeau sur la tête dans un parti pris délibéré de provocation, le policier prit place dans un des confortables fauteuils, alluma une cigarette et jeta l'allumette sur le tapis.

— Châtel!

— Monsieur Châtel, s'il vous plaît!... Berry, cessez de jouer les guignols. Craponne et vous n'ignorez pas que vous ne m'intimiderez pas et qu'en dépit de vos comptes en banque respectifs, des amitiés que vous avez achetées, pour moi vous serez toujours deux malfrats qui devraient être aux travaux forcés depuis belle lurette.

— Je ne vous permets pas...

— Des hommes comme vous n'ont rien à permettre ou à défendre.

L'avocat voulut intervenir.

— Permettez, monsieur Châtel, vous...

— Taisez-vous, Craponne! Sans des fripouilles de votre espèce, il n'y aurait pas de Berry.

— Et vous, vous avez de la chance qu'il n'y ait pas de témoins!

— Personnellement, je ne les crains pas. Pouvez-vous en dire autant, Maître?

— N... de D...! Qu'est-ce que vous êtes venu foutre chez moi?

— Vous donner un conseil et un avertissement.

— Je n'aime pas les conseils quand je ne les ai pas sollicités et les avertissements, c'est généralement moi qui les donne!

— Eh bien! Pour une fois, vous changerez vos habitudes. Fernand, votre homme de main, pour rigoler comme une belle brute, a tué une femme...

Me Craponne susurra :

— Doucement, monsieur Châtel, doucement... Il faudra le prouver!

— Ainsi que vous l'avez remarqué pour le regretter, il n'y a pas de témoin, donc, nous pouvons nous offrir le luxe de ne pas jouer la comédie. Nous savons très bien, tous les trois, que Fernand a écrasé une femme sur la route du littoral, près du quartier des pêcheurs.

— Et alors?

— Je me doute que vous fournirez un grand nombre de témoins qui jureront que Fernand était bien loin de l'endroit du crime lorsque ce dernier a été perpétré.

L'avocat ricana :

— Et ça marchera très bien!

— Je le pense, en effet. Cette femme qu'on a tuée venait juste de se marier.

Berry protesta :

— Je sais et je le regrette. Fernand est un demeuré, mais je suis obligé de le défendre. Il appartient à mon équipe.

— Et puis il sait peut-être trop de choses sur vous, hein?

— Alors, ce conseil? Donnez-le, puisque vous êtes venu pour ça, et quittez cette maison!

— Mon conseil? Méfiez-vous...

— De vous?

— Non, de vos adversaires.

Charles haussa les épaules.

— Des péquenots!

— Non, Berry, des braves gens, une race que vous ne connaissez pas. Fernand sera relaxé de toute poursuite grâce à vos faux témoignages, c'est vrai, mais ces hommes, ces femmes qui ont une foi aveugle dans la justice, qui croient du plus profond de leur être que le châtiment va être appliqué à celui qui le mérite, ne comprendront pas. Ils seront terriblement déçus de voir le mensonge triompher de la vérité. Puis, après la déception, viendra la colère et alors, Berry, et vous aussi Craponne, à ce moment-là, je préférerais ne pas être à votre place.

Les deux complices se regardèrent, incompréhensifs. L'avocat réclama des précisions.

— Que voulez-vous nous laisser entendre?

— Que le jour où des cœurs simples estiment qu'on les a trompés, que la justice des hommes n'existe pas, ils sont portés à faire leur justice eux-mêmes... La vieille loi du talion, Berry. Si j'étais vous, après le verdict blanchissant votre tueur, j'éloignerais Juliette...

— Vous... Vous croyez qu'ils... qu'ils oseraient?

— On a bien osé tuer la femme de Méni!

— Bah! S'ils veulent jouer les gros bras, avec quelques durs j'irai les mettre à la raison!

Châtel se mit à rire et se leva.

— Mon pauvre Berry, vous n'êtes plus dans le coup, il serait préférable que vous vous en persuadiez une fois pour toutes. Je vous souhaite bien du plaisir à tous deux dans vos malpropretés.

Il fit mine de s'éloigner puis se retournant brusquement :

— J'oubliais l'avertissement. Il se trouve que la femme qu'on a assassinée est celle d'un ami que j'aime comme un frère, que j'aime assez pour lui sacrifier ma carrière. Alors, voilà : si par hasard, il arrivait un malheur... définitif à mon ami Méni, je vous tuerais, Berry.

⁂

Au hameau des pêcheurs, le travail, la fatigue, le plaisir de manger, de boire, de se reposer a repris ses droits. Parce qu'ils sont des gens sans malice et qu'ils savent bien que le chagrin ne se porte point en écharpe, ils ont trouvé normal que Méni revienne au café, ainsi qu'il en avait l'habitude, chaque soir. Un café bizarre. On y boit peu, sauf Honoré, qui le tient, au nom de tous. Ce serait plutôt une salle de réunion où l'on se rencontre, à l'écart des femmes, pour parler, jouer aux cartes, demander conseil. Chacun sait que le vieil Honoré boit trop, mais à son âge on ne peut plus espérer le guérir. On lui demande seulement de ne pas donner le mauvais exemple. Alors il boit quand tout le monde dort et que nul ne peut le voir. Dans un coin, il y a l'Espagnol qui continue à gratter sa guitare. On y est si bien habitué qu'on ne l'entend presque plus.

Ce soir-là, Méni parle avec les autres du procès qui doit avoir lieu bientôt. Un événement important dont le hameau tout entier attend réparation. Méni explique qu'un fois Fernand châtié, il ira sur la tombe de Marie pour lui annoncer la nouvelle afin qu'elle dorme en paix. On approuve. On estime qu'ainsi tout sera bien et dans le silence qui suit la déclaration du veuf, le chant de la guitare gêne. Méni s'adresse à l'Espagnol :

— C'est pas pour te vexer, l'ami, mais tu serais gentil de laisser un peu ta musique. On cause de choses graves, nous autres...

Le musicien relève la tête et fixe Méni.

— Il n'y a rien de grave sur cette terre, sauf l'amour et la mort...

— Et la justice, non?

— La justice?

L'Espagnol crache par terre pour montrer le peu de cas qu'il fait de la justice, et conscient du trouble créé, il ajoute :

— Amigo, il y a pas de justice à part celle qu'on rend soi-même.

Tout en parlant, il a sorti son couteau et l'a planté dans le plancher. Promenant un regard farouche sur les visages qui l'entourent, il précise :

— Quand on a le respect de son honneur, naturellement.

La plainte de Barthélemy contre Fernand, Châtel a réussi à la faire inscrire au rôle des prochaines assises. Cette rapidité insolite était due tant à la réputation du policier qu'à celle de l'homme accusé d'assassinat.

Le président Laversanne, qui dirigeait les débats, n'était plus qu'à quelques années de sa retraite et s'en trouvait heureux, contrairement à beaucoup. Il ne se sentait ni vieux, ni fatigué, mais dégoûté. Tous les jours, sans qu'il pût réagir, il voyait bafouer la justice sous ses yeux. Esclave du Code, il lui fallait rendre des jugements qu'il savait iniques mais qui découlaient obligatoirement de faits truqués dont on ne pouvait démontrer la falsification. Le président Laversanne avait le sentiment profond d'être — à son corps défendant — le lieutenant d'une mafia à mille têtes dont il lui fallait publiquement approuver, justifier toutes les malhonnêtetés. S'il avait eu de l'argent, il y a longtemps que le magistrat se fût dépouillé d'une robe qui n'était plus, estimait-il, qu'une livrée.

Le président Laversanne avait soigneusement étudié le dossier de l'affaire Méni Giraud contre Fernand Malifaux. Il était convaincu du bien-fondé de la plainte corroborée par un témoignage capital. Au dossier, une note de l'inspecteur principal Châtel résumant son enquête, démontrait que le plaignant ne pouvait en aucun cas s'être trompé. Le rapport de police s'affirmait aussi catégorique. Mais le président n'ignorait pas que Fernand Malifaux se trouvait au service de Charles Berry, que des témoins seraient soudoyés, et en nombre suffisant, pour obliger le jury à rendre un verdict négatif en ce qui concernait le meurtrier. Ecœuré, le président eut un moment l'envie de se dire malade, mais il eut tout aussitôt honte de cette reculade enfantine. Il devait démissionner ou accepter; pas de moyen terme. A cause de sa femme, de ses trois enfants, il se résigna. Le ministère public — en la personne du jeune Ballardier — attachait très peu d'importance à une histoire qui ne lui apporterait rien. Il aspirait à d'autres combats. Quant au jury, il se composait des mêmes braves gens que d'habitude, la plupart énervés qu'on leur fît perdre leur temps.

En prenant place dans son fauteuil, le président promena son regard sur la salle. Dans un coin, l'accusé, entouré de Me Craponne — s'il en eût été besoin, la présence de cet avocat unanimement méprisé, aurait renseigné Laversanne sur la justesse de la cause de Méni

— et de Charles Berry. De l'autre côté, ce pêcheur dont on avait assassiné la femme le jour de ses noces. Le juge fut frappé par les yeux de cet homme qui le contemplait un peu à la façon du croyant au pied de la Croix. Laversanne sut que pour cet humble, il symbolisait la Justice et il eut honte, une fois de plus. Il tâcha de n'en laisser rien paraître et répondit d'une inclinaison de tête au salut de Châtel. Les premiers rangs du public étaient composés d'hommes rudes en qui il n'était pas difficile de reconnaître les amis du plaignant. Eux aussi avaient foi dans la justice de leur pays.

Le procès se déroula comme prévu. Méni fit le récit du meurtre, récit corroboré par Amédée. L'inspecteur principal Châtel vint rappeler qui était Fernand Malifaux, et jouant un peu le rôle de l'avocat que Méni n'avait pas voulu sous prétexte qu'il était dans son droit, attira l'attention du président sur les conséquences d'un jugement attendu avec confiance et espoir par des gens pour qui le blanc ne saurait être autrement que blanc. Le président soupira :

— Je sais, monsieur l'Inspecteur principal, je sais mais...

Le ministère public pria le policier de lui laisser le soin de défendre les intérêts de la Justice.

Les témoins de Charles Berry jurèrent à la barre qu'ils avaient passé la journée de l'accident à cinquante kilomètres de là, avec Fernand Malifaux, chez M. Berry qui les recevait.

La compagnie ne s'était séparée qu'au petit matin, bien après l'heure fixée par le médecin légiste et les témoins du drame pour la mort de cette malheureuse femme. Laversanne n'ignorait en aucune façon que tous ces hommes mentaient.

— Monsieur Berry, vous confirmez ce que l'on vient de dire?

— En tous points, monsieur le Président. J'ai reçu ces messieurs dans ma propriété, et, ma foi, nous avons passé, tous ensemble, de fort bons moments.

Ce qui gênait le plus le président Laversanne, c'était le sourire de Méni. Il lui semblait qu'il lisait dans le cœur de cet homme persuadé que lui, Laversanne, sachant que les témoins mentaient, allait retenir la plainte et déférer Fernand devant le juge d'instruction. Hargneux, le magistrat s'adressa à l'avocat :

— Et vous, Maître Craponne, vous ne participiez pas avec ces messieurs à cette sympathique fête de famille?

— Un moment, seulement, monsieur le Président, mais assez longtemps cependant pour faire une partie de boules avec Fernand Malifaux.

— Je vous plains, Maître...

— Pourquoi, monsieur le Président, vous n'aimez pas les boules?

— Si je vous précisais ce que je n'aime pas, Maître, je crois que nous aurions l'un et l'autre des ennuis.

Le magistrat — pas tellement secondé par le Ministère public que cette histoire ennuyait trop visiblement — tenta tout ce qui était en son pouvoir pour permettre à Méni et à son témoin d'étayer leur récit par des commencements de preuves mais il n'aboutit pas à grand-chose et force lui fut de donner la parole au ministère public qui fut d'une brièveté quasi scandaleuse, montrant bien que le jury pouvait acquitter, si le cœur lui en disait, Fernand Malifaux. Quant à Me Craponne, rassuré par la neutralité presque bienveillante de la partie adverse, il se livra à une inspiration sans péril pour conclure :

— M. Berry, dont personne dans cette enceinte, ne se permettrait de mettre la parole en doute, affirme, et nous affirmons avec lui, que Malifaux a passé toute la journée et la plus grande partie de la nuit en notre compagnie. Dans ces conditions, monsieur le Président, à moins d'avoir le don d'ubiquité, Fernand Malifaux ne pouvait se trouver à la fois à cinquante kilomètres du lieu de l'accident et sur les lieux mêmes de l'accident?

— Concluez, Maître, concluez...

— Eh bien! Monsieur le Président, estimant que le plaignant est sincère, qu'il est simplement victime d'une erreur et ne voulait pas retenir le soupçon de tentative de chantage qui pourrait venir à l'esprit...

— A votre esprit, Maître!

— Voyez-vous une autre explication, monsier le Président?

— Certainement, Maître, mais la loi ne me permet pas de l'exposer publiquement.

— Je disais donc, monsieur le Président,

qu'acceptant l'hypothèse de la bonne foi de notre adversaire, nous ne réclamons rien, sinon le franc symbolique de dommages et intérêts.

— Terminé?

— Terminé.

— Barthélemy Giraud, avez-vous quelque chose à ajouter?

Méni se leva d'un jet, indigné.

— Mais il ment, monsieur le Président. Il ment!

Me Craponne et Berry paraissent trouver cette véhémence fort drôle.

— Pouvez-vous fournir les preuves de ces mensonges que vous affirmez?

— Mais je me suis battu avec ce grand-là! Amédée, un homme qui en a vu des choses, vous dira pareil puisqu'il était avec moi! Pas vrai, Amédée?

Du banc où il se tenait sagement assis, le vieil homme se leva.

— Ce qui se passe ici, est une honte!

Quelle que soit sa propre conviction, le juge ne peut tolérer qu'on insulte ouvertement la justice.

— Taisez-vous!

— Et pourquoi, je me tairais!

— Parce que je vous l'ordonne!

— Ah?... Bon.

Vaincu par cette manifestation d'autorité, Amédée se rassied. Le jury — qui n'avait vraiment pas compris pour quelles raisons il lui fallait juger une affaire qui, apparemment n'existait pas — rendit très vite son verdict et déclara qu'aucune preuve n'ayant été apportée à l'appui des accusations contre Fernand Malifaux, il décidait que ces accusations relevaient de la diffamation pure et simple. En conséquence, Barthélémy Giraud était débouté, condamné à un franc de dommages et intérêts, et aux dépens.

⁂

Tandis que Berry et Me Craponne félicitent Fernand, Méni s'approche du Tribunal.

— Ça signifie quoi ce que vous avez raconté, monsieur le Président?

— Que faute de preuves, Malifaux est déclaré innocent du crime que vous lui imputiez et que vous êtes condamné à payer les frais du procès.

— Alors, il a tué ma femme et non seulement il va rentrer tranquillement chez lui, mais encore je dois payer?

— C'est la loi, mon pauvre ami!

— C'est pas vrai!... Ça peut pas être vrai! Enfin, monsieur le Président, vous êtes quand même pas là pour protéger les bandits?

— Vous m'embêtez... La séance est levée. Rentrez chez vous!

— Vous étiez d'accord avec eux, hein?

— Attention à vos paroles, Giraud! Je comprends votre déception, mais ce n'est pas une raison pour...

Les mots expirent sur les lèvres du magistrat car il voit, le regardant fixement, tous les pêcheurs immobiles et debout à leurs bancs.

Ce jugement muet, désespéré, trouble Laversanne et l'emplit de confusion. Il murmure :

— Retirez-vous, Giraud, je vous en prie...

— Comme eux, vous êtes une canaille, monsieur le Président.

— Quoi? Vous osez!

— Une canaille, monsieur le Président! Rien d'autre qu'une canaille!

— Huit jours de prison ferme pour insulte à magistrat dans l'exercice de ses fonctions! Gardes! Emmenez-le!

Les gendarmes viennent prendre amicalement Méni par le bras et l'un d'eux conseille :

— Allez, amène-toi, mon pauvre gars...

Avant de quitter la salle, Méni crie au président :

— Un autre Juge plus grand que vous vous regarde!

Me Laversanne se hâte de ranger ses affaires, les colle hâtivement sous son bras, et devant les pêcheurs immobiles qui ne le quittent pas des yeux, il sort rapidement, bouleversé à l'idée qu'il avait sans doute assassiné l'idée pure d'unc justice infaillible que ces hommes portaient jusqu'alors en leurs cœurs.

L'inspecteur principal suivit tous ces incidents sans intervenir. Il ne s'étonna pas d'événements trop prévisibles. Au moment où il passa près de Berry, ce dernier ne put se tenir de remarquer :

— Alors, monsieur l'Inspecteur principal, vous avez vu que Me Craponne sait encore défendre mes hommes?

— Berry, Craponne et vous venez de commettre la plus grosse des erreurs de vos sales existences...

— Vraiment?

— Vous voyez ces hommes?

Châtel montrait du doigt les pêcheurs toujours immobiles mais qui, cette fois, regardaient Berry et Craponne.

— Et alors?

— Ils ne vous connaissaient ni l'un ni l'autre. Ils ne connaissaient que Fernand. Maintenant, ils savent que vous êtes trois responsables de la mort de Marie, que Craponne et vous, vous êtes complices.

— Qu'ils pensent ce qu'ils veulent! Je m'en fiche pas mal!

— Vous avez tort, Berry, car ces hommes, aujourd'hui, ont appris qu'il n'y a pas de justice et dès lors je ne serais pas étonné...

Le policier s'interrompit, pour ménager le suspense.

— ... Etonné de quoi?

— Qu'ils décident de rendre leur justice euxmêmes. Je vous renouvelle mon conseil, messieurs, prenez garde!

L'avocat et son patron veulent rire pour bien montrer le peu de cas qu'ils font de ces menaces puériles lorsqu'un incident subit leur met l'angoisse au ventre. Fernand, crâneur, verbeux, se dirige vers la sortie et tout aussitôt les pêcheurs lui emboîtent le pas. Dehors, le voyou se rendant compte du manège des autres se tourne vers le vieil Amédée, le plus proche de lui, et lui crie dans le nez :

— Alors, vieux schnocke, t'es convaincu maintenant d'avoir eu des visions?

En réponse, le vieillard lui crache dans la figure. Fernand lève le poing pour frapper mais, d'un seul élan, les pêcheurs lui tombent dessus et il disparaît dans un tourbillon de bras et de pieds qui frappent. Châtel, négligemment, demande à Berry et Craponne, médusés :

— Qu'est-ce que je vous disais?

Gendarmes et agents se précipitent et finissent par dégager Fernand en piteux état. Ils soutiennent le voyou qui hurle :

— Bande de salauds!

Un pêcheur se détache des autres et déclare :

— Ecoute bien, l'homme. Cette fois, t'as eu de la chance mais passe jamais par chez nous parce que t'y laisserais ta peau.

Puis il tourne le dos et s'en va avec ses amis. Me Craponne admoneste les représentants de l'ordre :

— Alors, vous les laissez s'en aller comme ça, après cette agression?

Le brigadier dc gendarmerie s'approche, l'air mauvais :

— Peut-être que vous voudriez m'apprendre mon métier?

— C'est-à-dire...

— C'est-à-dire que je n'ai pas d'ordre à recevoir d'une ordure de votre genre!

L'avocat bondit.

— Vous m'avez insulté devant témoins! Ça va vous coûter cher!

Châtel intervient :

— Personnellement, je n'ai rien entendu.

Berry conseille vivement à Craponne de se calmer. Quant à Fernand, il jure qu'il aura la peau de ces cochons de péquenots et qu'ils verront s'il se dégonfle d'aller dans leur quartier! L'inspecteur lui tapote l'épaule et lui glisse en confidence :

— Si j'étais toi, Fernand, je me méfierais. Un jour, j'ai vu un homme tué avec un crochet à poisson. Il n'était pas beau à regarder.

⁂

L'absence de Méni pesa sur le hameau comme un deuil général. Nul ne comprenait ce qui s'était passé et aux femmes s'inquiétant de l'événement, leurs maris s'avouaient incapables de fournir la moindre explication. Pendant ce temps, dans sa prison, Méni subissait une véritable mue. L'injustice subie l'avait bouleversé au point qu'en quelques heures une transformation profonde, totale se produisit en lui. Maintenant, il savait qu'il ne pouvait pas compter sur la justice pour venger sa compagne et il lui semblait de plus en plus impossible qu'on ait pu assassiner Marie, le priver, lui, d'un bonheur si longuement attendu, sans que les responsables de ces deux crimes ne soient punis. Désormais, Méni haïssait avec la même intensité Fernand le meurtrier, Berry son patron qui le protégeait, Craponne qui l'avait défendu.

Lorsqu'au bout de ses huit jours on le remit en liberté, Méni serra la main du gardien qui l'avait accompagné jusque sur le trottoir extérieur, respira largement et se mit en route d'un pas ferme, du pas de celui qui a une besogne à accomplir et dont il n'entend pas différer la réalisation. Louise le rattrapa juste au moment où il tournait dans la rue longeant la prison. Elle passa son bras sous celui du libéré.

— Il y a plus de deux heures que je t'attendais. Je craignais que tu sois déjà parti. Ces huit jours, j'ai pensé qu'ils finiraient jamais...

— Ma pauvre Louise, t'es une vraie sangsue, hein? Pas moyen de me défaire de toi mais, tout de même, je suis content que tu sois là.

— Parce que, peut-être, tu m'aimes un peu?

— Je sais plus si je peux encore aimer quelqu'un...

*
* *

Ils gagnèrent le quartier mais ils s'arrangèrent pour y arriver par la mer car Méni n'avait envie de voir personne. Ils rencontrèrent pourtant l'Espagnol qui tendit la main au veuf.

— Ignacio, tu avais raison. La justice, ça n'existe pas.

— Claro...

— Il faut compter sur personne. C'est tout seul qu'on doit régler ses histoires.

— Claro.

— Là, je te quitte, Louise.

— Où vas-tu?

— Au cimetière.

— Tu veux que je t'accompagne?

— Nous voir ensemble, ça lui ferait peut-être pas tellement plaisir, à Marie...

Au cimetière, Méni, contrairement à son habitude, ne récita pas une prière devant la tombe de sa femme. Immobile, il regardait la croix où des fleurs se fanaient.

— Marie, je suis là... J'ai pas pu venir plus tôt parce que j'étais en prison... Ils m'ont mis en prison, Marie, parce que je leur demandais de te venger. Ils appellent ça la justice, Marie. Alors, je ferai le travail tout seul. Je pouvais pas l'expliquer à Louise, tu comprends? Elle aurait peur. Elle me donnerait des conseils et des conseils, j'en veux plus. Mais à toi, Marie, Marie, je peux le dire : je m'arrêterai pas tant que les autres ils auront pas payé. Je les aurai, Marie, je te le jure! Aie confiance, ma belle...

Il s'écarta de la tombe pour s'en aller mais un remords le força à se retourner pour ajouter :

— Je voulais te dire aussi, pour Louise : te bile pas, hein? On a le temps... On en recausera.

A la sortie du cimetière, Méni croisa M. Gigas qui l'arrêta :

— Tu es allé rendre visite à Marie?

— Comme il se doit, monsieur le Curé.

Méni essaie de s'esquiver mais le prêtre le retient.

— Tu es bien pressé? Ou si je te fais peur?

— Je vais vous dire, monsieur le Curé, maintenant plus personne peut me faire peur.

Passant son bras sur les épaules de Méni, le prêtre l'appuya paternellement contre lui.

— Méni... Je sais tout ce qui t'est arrivé... Je sais qu'innocent, tu as été en prison comme un criminel... Je sais que tu es plein d'amertume mais, songe à Celui qui est mort pour nous sur Sa Croix, et pourtant, Lui aussi était innocent?

Méni se dégagea des bras du prêtre.

— A mon idée, monsieur le Curé, le Bon Dieu, Il a pas bien agi en se portant pas au secours de Son Fils... Il a permis à l'injustice de gagner la partie. Non, Il a pas bien agi!

— Méni! C'est toi, c'est bien toi qui parles comme ça? Serais-tu brouillé avec le Bon Dieu?

— Je tiens pas à vous causer de la peine, monsieur le Curé, mais je suis brouillé avec tout le monde, y compris votre Bon Dieu.

CHAPITRE IV

Dans le café, assis sous la lampe centrale, ils sont tous là : les vieux, Amédée, Simon, Auguste, Honoré et les moins vieux : Jules, Basile, Mathias, Prosper, Antoine; enfin les jeunes : Lazare, Eloi, Joseph, Louis. Ceux-là reviennent de la mer mais ils ne sentent pas encore leur fatigue. Ce sera pour plus tard. Ils ne parlent pas. Ils ne boivent pas. Ils attendent. De temps à autre, l'un d'eux se gratte la gorge ou traîne le pied sur le plancher. Un gros silence, chaud, épais, vivant. Soudain, Amédée sort la pipe de sa bouche.

— La Louise est allée le chercher.

Deux jeunes ricanent. Amédée les regarde et ils baissent la tête, honteux.

— L'Espagnol les a vus.

Ignacio, dans son coin que personne ne lui prend jamais, déclare :

— Si... Je l'ai vu... C'est plus le même.

Amédée demande :

— Qu'est-ce que tu veux dire, l'Espagnol?

— Vous verrez.

Parce qu'Ignacio n'est pas encore de chez eux, qu'il demeure étranger, le vieux s'abstient de réclamer des précisions. L'Espagnol n'a pas à juger Méni. Il n'empêche que lui, comme les autres, voudrait bien comprendre ce que le gratteur de guitare a désiré leur faire entendre. Plus le même Méni? Et en quoi? Pourquoi? Ce ne sont pas les huit jours passés en prison qui ont pu le pourrir. Comme pour apaiser ses propres craintes, l'Ancien souligne à haute voix :

— D'ailleurs, il s'est rendu au cimetière...

Pour Amédée, un homme fidèle à ses morts est quelqu'un de bien. Une heure passe encore et puis voilà la porte qui s'ouvre et Méni qui s'encadre sur le seuil. Il les regarde tous et ça lui réchauffe le cœur. Il dit :

— Salut!

Tous lui répondent en bonne amitié, sauf Amédée. Le vieux a tout de suite deviné ce que l'Espagnol a voulu exprimer. Le Méni qui revient après huit jours d'absence, ce n'est plus le Méni d'avant. Méni s'assied entre Simon et Jules. Honoré lui apporte un verre de vin blanc qu'il boit à petits coups, épié par tous les regards. Quand il a terminé, il s'essuie la bouche du dos de la main.

— Ça fait du bien et puis aussi de me retrouver parmi vous autres. La prison, c'est pas gai.

De son comptoir, Honoré ajoute :

— Surtout quand on mérite pas!

Méni approuve d'une voix sourde :

— Surtout quand on mérite pas..

Il a suffi de ces quelques mots pour que le fantôme de Marie vienne se réinstaller parmi eux, Marie qu'on a tuée le soir de ses noces. Et aussi la grande injustice du meurtrier acquitté et de Méni en prison. Lazare, un impétueux, s'oublie jusqu'à crier en présence des anciens :

— Mais pour qui ils nous prennent à la fin?

Personne ne répond car il n'y a pas de réponse possible ou plutôt tout le monde la connaît, la réponse : ce n'est donc pas la peine de perdre son temps à répéter ce que chacun sait. On n'éprouve pas non plus le besoin de plaindre Méni ou de lui répéter la joie qu'on éprouve à le revoir. Tout cela, c'est normal. Et pourtant, aucun de ces hommes ne songe à quitter la place et à rentrer chez lui où une femme, une mère, une sœur guette l'heure pour servir la soupe. Sans s'être donné le mot, on attend on ne sait pas quoi, mais on attend, crispé, nerveux.

— Amédée... Tu permets que je m'explique là, devant tous?

Le vieil homme sourit. Méni, voilà un garçon qui avait de l'éducation et montrait du respect pour ses aînés.

— On t'écoute, garçon, et je te dis merci, au nom de tous, pour ta confiance.

Méni se lève.

— Vous me connaissez tous, et depuis longtemps...

Une rumeur d'approbation souligne cet exorde.

— ... J'ai jamais causé de tort à personne.

Tellement évident que, cette fois, nul ne croit nécessaire d'approuver.

— J'en voulais à personne mais, à présent, c'est plus la même chose...

L'attention se durcit. Amédée jette un coup d'œil à l'Espagnol qui hoche la tête pour indiquer au vieux qu'on allait comprendre ce qu'il avait voulu dire tantôt.

— Je me sens tout sale en dedans... A cause de la prison, sans doute, mais plus sûrement à cause que j'ai pas pu défendre la mémoire de Marie.

Amédée étend sa main noueuse.

— On était là, Méni... C'est pas ta faute. Il y a des choses qui sont possibles et d'autres qui le sont pas. T'as rien à te reprocher, Méni, je le jure.

L'Ancien les dévisage tous, un à un, pour bien indiquer qu'il ne tolérerait pas que quelqu'un pensât le contraire.

— Si, Amédée, je me reproche de pas avoir vengé Marie.

Les jeunes respirent plus vite car ils devinent que de graves décisions vont être prises.

— Je suis sûr qu'elle dormira pas tranquille et moi non plus tant qu'ils n'auront pas payé : celui qui a tué et ceux qui ont menti pour le faire échapper à son châtiment.

Au fond, Amédée est de l'avis du veuf, mais il refuse de précipiter les choses. Il se doit, à son âge, d'aimer la prudence et de ne plus prendre ses désirs pour des réalités.

— Qu'est-ce que tu espères?

— Les envoyer rejoindre Marie pour qu'ils s'expliquent avec elle devant le seul Juge, Celui qu'on peut pas acheter...

— Méni, tu veux tuer ces gens?

— D'une certaine manière, oui, mais rassure-toi, je ne ferai pas des gestes qui regardent la police. J'ai mon idée. Seulement, j'ai besoin que vous m'aidiez.

Instinctivement, ils se rapprochent, et par ce simple mouvement ils donnent leur accord.

***

Honoré, au lendemain de cette soirée que personne n'oubliera, essuie des verres, l'œil perdu dans des lointains brumeux et alcooliques. Un jeunot, qu'on ne prend pas encore au sérieux et qui travaille tantôt avec l'un, tantôt avec l'autre parce qu'il n'a pas les moyens de s'acheter une barque, entre. Ce n'est pas un garçon bien considéré par suite de sa tendance à boire plus qu'il ne devrait, surtout à son âge.

Le jeunot commande un vin blanc. Honoré ne peut pas le lui refuser mais ça ne lui plaît pas. Bien sûr, il n'est pas désigné pour donner des leçons de tempérance mais, justement, il a son expérience. Tout en servant son client matinal, le vieux remarque :

— Tu t'y mets de bonne heure...

— J'ai soif en me levant.

— Tu serais mieux inspiré de boire de l'eau.

Le petit ricana :

— L'eau, c'est pas tellement de mon goût.

— Peut-être, mais l'eau te sauverait ton foie. Vois-tu, dans les histoires, on te cause du cœur, du ventre et de ses accessoires, bref, tu me comprends, mais jamais on te parle du foie... Eh bien! Crois-moi, on se trompe parce que le foie, c'est quelque chose et quand il va plus, plus rien va...

Le jeunot se met à rire en sortant des sous de sa poche.

— Tiens, paie toi... Tu en as toujours de bonnes...

Honoré ramasse l'argent en haussant les épaules.

— L'expérience, ça sert à personne... Les autres, ils écoutent pas et ceux qui l'ont, l'expérience, c'est toujours trop tard pour en profiter... Une foutaise, l'expérience, petit!

Le client d'Honoré montre une ardoise accrochée à la cloison.

— Qu'est-ce que c'est que ça?

— C'est à propos du malheur de Méni.

Le jeunot s'approche et lit à haute voix, mal, car il n'a pas été longtemps à l'école.

Fernand Malifaux, décédé le...

Léon Craponne, décédé le...

Charles Berry, décédé le...

— Ça signifie quoi, ces noms, Honoré?

— T'occupe pas, petit. Cette ardoise, c'est

notre honneur à nous autres, les pêcheurs, notre honneur que des salauds ont foutu cul par-dessus tête.

— Ça serait pas les gars qui ont tué la Marie?

— Vaut mieux que tu t'en mêles pas... Seulement, quand tu verras des dates inscrites en face de ces noms, tu pourras dire que notre honneur on l'a remis sur ses pieds.

Le jeune homme ne répond pas tout de suite. Visiblement, il s'efforce de réfléchir, et puis, fatigué, il secoue la tête :

— Vous autres, les vieux, je vous comprends pas...

— Parce que t'as pas l'âge.

— Possible, mais à mon idée, ton ardoise — notre honneur comme tu dis — elle aurait besoin d'un sérieux coup d'éponge!

— Figure-toi que c'est justement ce qu'on se propose de faire.

***

L'inspecteur principal Châtel n'avait pas rendu visite à Méni, en prison. Il ne désirait pas que le garçon se sentît humilié en sa présence. D'autre part, il savait qu'il ne pourrait pas répondre aux questions que Méni lui poserait, et pour tout dire, le policier, en une pareille occasion, n'était pas très fier de représenter l'Ordre. Partagé entre deux désirs contraires, il hésitait. Il aurait souhaité que Méni et ses amis encaissent le coup et qu'ils finissent par oublier que la société ne correspondait pas à ce qu'ils s'imaginaient. Mais il acceptait difficilement l'idée d'un Berry triomphant une fois de plus. Alors, lui aussi, attendat, guettant la réaction possible de Méni, ou, au contraire, son enlisement dans la paix retrouvée.

Il arrivait à Châtel de rencontrer Fernand, ou Me Craponne, ou Berry. Le premier, à la vue du policier, se contentait d'un sourire narquois, mais pas trop appuyé, de crainte d'une réaction sévère. Le deuxième se confondait en amabilités, parlant de malentendu et de la sagesse qui avait fini par triompher. L'avocat dégoûtait l'inspecteur plus que les deux autres encore.

— Dites-moi, Me Craponne, vous avez bien prêté serment lorsque vous avez été reçu dans l'ordre des avocats?

— Naturellement, comme tout le monde.

— Et ce serment vous enjoignant de défendre la veuve et l'orphelin, vous avez conscience de l'avoir tenu?

— Mon cher Inspecteur, il est des questions que j'ai le bon sens de ne pas me poser.

— Je pense, Maître, qu'un jour viendra où un autre que moi vous posera cette question.

Quant à Berry, il affectait la bonhomie.

— Eh bien! Monsieur l'Inspecteur principal, vous avouerez que vos conseils et avertissements s'avéraient inutiles? Ce brave homme ne songe nullement à ces vengeances romantiques dont vous me menaciez... Tenez, je suis à peu près sûr qu'il est en train d'oublier toute cette histoire. Puisqu'il est de vos amis, et pour vous montrer que je suis beaucoup moins mauvais que vous ne me réputez, dites lui donc que je suis tout prêt à le dédommager...

— Pour lui avoir tué sa femme?

— Pour réparer l'erreur d'un de mes imbéciles d'employés.

— Faites donc vos commissions vous-même. J'ai trop d'estime envers Méni pour me permettre de lui présenter une pareille offre qui, pour l'heure, ne déshonore que vous-même. C'est curieux, à force de vivre parmi les voyous, Berry, vous en êtes arrivé à vous persuader que le monde des voyous était le vrai. Vous risquez un sacré réveil...

— Ne vous tracassez pas pour moi!

— Eh si! je me tracasse. Je ne voudrais pas qu'un autre me prive du plaisir de vous passer les menottes.

***

Son acquittement n'avait pas rendu à Fernand l'estime de ses collègues. On le jugeait comme un pauvre type à qui il s'affirmait impossible de garder confiance. On s'étonnait que Berry ne l'ait pas limogé après ce qui s'était passé. Le truand sentait la mésestime l'entourant et il rêvait de vengeances terribles car loin de se considérer comme le vrai coupable du meurtre imbécile de Marie, il finissait par se prendre pour la victime de cette mort abusive. Il se jurait que si les choses devaient continuer de la sorte, un soir, il se glisserait au quartier des pêcheurs et là, il leur foutrait une frousse qui les calmerait pour un bout de temps. A moins qu'il ne flanque le feu à leurs sacrées cabanes! Cette jactance lui venait de ce qu'il avait réellement craint un moment, tout de suite après l'incident du Palais de Justice, que ces rustauds ne s'acharnent après lui, mais comme rien ne se produisait, il reprenait confiance en lui et en voulait encore plus aux pêcheurs de la peur qu'ils lui avaient donnée.

Fernand voulait retrouver l'estime du Milieu, d'abord pour sa propre dignité, ensuite parce qu'il ne doutait pas que du jour où Berry l'abandonnerait, c'en serait fini. Il dégringolerait à toute vitesse dans la hiérarchie des malfrats et personne ne l'accepterait plus dans une équipe. Il fallait absolument, et de toute urgence, que Fernand réussise un coup fumant pour retrouver le respect que sa force brutale n'inspirait plus.

Lorsqu'il entrait *Chez Casimir*, son apparition ne soulevait plus l'espèce de murmure flatteur et envieux des jours d'autrefois, un autrefois vieux d'une quinzaine de jours. Son passé de criminel habile ayant su ne presque jamais se laisser prendre en défaut, la confiance dont l'honorait Charles Berry, faisaient de Fernand un des caïds secondaires de la pègre. Toute cette réputation s'était écroulée d'un coup avec son crime stupide car les vrais tueurs ne commettent jamais de meurtre gratuit et prennent un soin constant à fuir les bagarres inutiles. En agissant comme il avait agi, Fernand s'était déconsidéré à leurs yeux. On ne le craignait plus, mais on s'en méfiait.

Casimir, le patron, répondit au salut de Fernand de façon désinvolte, presque insultante, et le truand serra les poings. Mais comment frapper le vieux Casimir sans se mettre tout le monde à dos?

— Ils sont là?

Le cafetier, sans relever la tête, grogna :

— Naturellement.

Refrénant sa hargne, Fernand gagna l'arrière-salle où ses compagnons habituels — ceux qui se trouvaient à ses côtés la nuit du drame, et qui n'avaient pu l'empêcher de commettre son meurtre idiot — buvaient leur pastis en tripotant des cartes.

— Salut! Maurice... Ça va, Albert?

Eux aussi répondirent par des grognements plus ou moins expressifs, et Fernand regimba :

— Vous semblez pas tellement causants, ce matin, hein?

Albert le regarda froidement.

— Un genre de remarque que tu serais bien inspiré de pas nous balancer, Fernand, parce que si on est quasiment en chômage, c'est à toi qu'on le doit... Alors, si on causait, ça serait sûrement pas pour t'adresser des remerciements. Tu comprends?

Maurice, pour éviter que la discussion ne s'envenimât, proposa :

— Un petit poker?

Fernand ravala sa colère et prit place en face des deux autres, se contentant de remarquer :

— J'aurais pas cru ça de toi, Albert. Je te prenais pour un ami.

Albert ne répondit pas et ils se mirent à jouer sans plaisir car chacun redoutait l'avenir immédiat. Si Berry les abandonnait, il leur faudrait recommencer à se livrer à des trafics dangereux. Ils avaient perdu le goût du risque.

Ils jouaient depuis une heure à peu près, avec des fortunes diverses, lorsque Casimir s'amena, traînant les pieds selon son habitude, et tendit une enveloppe à Fernand.

— Tiens... On vient d'apporter ça pour toi.

— Qui?

— Un gars que j'ai jamais vu.

Sur l'enveloppe grossière, une main qu'on devinait malhabile s'était appliquée à écrire : Fernand Malifaux. Le truand examina le pli d'un air méfiant puis se décida à ouvrir et tout de suite jura, jetant le papier sur la table. Sur ce papier, quelques mots seulement inscrits en lettres capitales :

FERNAND MALIFAUX, DECEDE LE...
PRIEZ POUR LUI

Fernand regardait ses camarades le fixant dans le yeux.

— Si c'est l'un de vous qui a cru intelligent de...

Maurice rappela son interlocuteur aux convenances.

— Tu sais bien, Fernand, qu'aucun de nous se permettrait de plaisanter sur un pareil sujet.

C'était vrai.

— Casimir, quel genre de type t'a apporté ça?

— Le genre pêcheur.

— Je m'en doutais!

Les autres aussi s'en doutaient, apparemment, car ils ne réagirent pas. Sans qu'il y prit tout de suite garde, la peur commença à s'infiltrer dans le cœur de Fernand. Il avait cru que les pêcheurs l'oubliaient mais ce billet lui précisait qu'il n'en était rien. Il se secoua, se rappelant ce qu'il avait été. Il n'allait tout de même pas se laisser intimider par ces péquenots, non? Il glissa la lettre dans sa poche et ricana :

— Si ça les amuse, ces pauvres types!

Albert donna son avis très sérieusement :

— Je pense pas qu'ils agissent de cette façon pour s'amuser.

— Et alors? Qu'est-ce qu'ils veulent?

— Ta peau!

Fernand demanda à Casimir de lui servir un rhum avant de répliquer à son interlocuteur :

— Tu es plein d'esprit, ce matin, hein!

— Je te dis ce que je crois être la vérité, pour le reste, je m'en fous!

— Tu t'en fous? Merci bien!

— Ecoute, Fernand, tu as commis, malgré

nous, la pire des conneries, alors tu voudrais quand même pas que Maurice et moi on partage les responsabilités, non?

— Et l'amitié, à quoi ça sert?

— Oh! Dis! Passe la main! Débrouille-toi avec tes pêcheurs. Nous, ça nous regarde pas! Pas vrai, Maurice?

— Et comment!

Fernand comprit que désormais, en cas de coup dur, il serait seul. Il faillit se mettre en colère contre ceux le lâchant, mais il préféra jouer les sceptiques, histoire de leur montrer qu'il n'éprouvait aucune inquiétude, et de se rassurer un peu par la même occasion.

— On va quand même pas se disputer pour une farce pas tellement intelligente!

Maurice regarda Fernand avec stupéfaction.

— Tu penses vraiment que c'est une farce?

— Et qu'est-ce que ça pourrait être d'autre?

— Mon pauvre vieux... Alors tu t'imagines, pour de bon, que ces gars souhaitent rigoler en ta compagnie?

— Et pourquoi non?

Maurice se tourna, ahuri, vers Albert, qui expliqua doucement :

— Tu as quand même tué la femme de l'un d'eux, non?

— Et alors?

— Ça m'étonnerait qu'ils t'en aient de la reconnaissance.

Fernand rageait d'autant plus qu'il sentait que l'autre avait raison, mais il lui en voulait de le dire. Il jeta ses cartes sur la table et se leva.

— Des dégonflés, voilà ce que vous êtes, tous les deux!

Il se préparait à une réaction violente car c'est là le genre d'injure que dans leur vanité les hommes du milieu ne supportent pas. Mais ni Albert, ni Maurice ne bougèrent.

— On est peut-être des dégonflés, comme tu dis, mais on préfère que ça soit toi plutôt que nous qui aies à faire aux pêcheurs... Nous, on n'a pas le goût du sacrifice, pas vrai, Albert?

— Sûr...

Fernand sortit sans ajouter un mot. Au passage, Casimir lui chuchota :

— Prends tes précautions quand même!

— Qu'est-ce que ça peut te foutre?

Dehors, instinctivement, Fernand commença à regarder autour de lui. Il entrait brusquement dans l'existence inquiète de l'homme traqué. Il n'osait pas se rendre chez Berry. Il craignait tout à la fois le ridicule et puis aussi que son patron ne profitât de l'occasion pour se débarrasser de lui. Déjà, Maurice et Albert le laissaient tomber. Par instinct, il s'écarta du port où il y a trop de pêcheurs et remonta vers le nord de la ville, pour rien, pour marcher. Mille solutions s'offraient à son esprit un peu égaré, en vue de résoudre le problème se posant brusquement à lui, mille solutions toutes aussi stupides les unes que les autres. Peu à peu, au fur et à mesure qu'il butait contre des impossibilités, il s'affolait. Et si Berry l'envoyait contrôler quelqu'une de ses entreprises à des centaines de kilomètres d'ici? Ne serait-ce pas la bonne solution? Les pêcheurs ne sortent guère de leur quartier. Berry ne pouvait pas refuser. Subitement ragaillardi, Fernand retourna chez lui afin de changer de costume pour se présenter au mieux devant son patron.

*
* *

Le plaisir chaque jour renouvelé de Me Craponne consistait à dresser l'état quotidien de sa fortune répartie sur plusieurs carnets. Un journal financier étalé sur la table, il notait scrupuleusement le nombre de centimes, quelquefois de francs qu'il avait gagnés ou perdus dans les dernières vingt-quatre heures. Il régnait sur ce petit royaume de chiffres, supputait, calculait, regrettait, espérait. Lorsqu'il avait mis un trait final à la dernière opération de la journée, il se laissait aller dans son fauteuil et souriait à tous ces jolis millions bien sagement à l'abri dans les coffres de banques sérieuses et qui n'attendaient qu'un signe de leur maître pour se muer en tous les plaisirs de l'existence. A près de cinquante ans, Léon Craponne se préparait à vivre selon ses rêves anciens lorsque, fils de journaliers agricoles du Cantal, il souhaitait échapper au sort promis par la pauvreté des siens. Intelligent, travailleur, il avait conquis bourse sur bourse pour continuer ses études. Il comprit très vite que seule l'étude du Droit le pourrait mener rapidement à la richesse en lui ouvrant le domaine des affaires. A vingt-cinq ans, Me Craponne dut déchanter. Honnêtement, il est difficile d'amasser une fortune en un temps relativement court, et du même moment, il se rendit compte que si l'on se montrait peu scrupuleux, on pouvait gagner beaucoup d'argent. Lorsqu'il se fut résolu à franchir la barrière, sa réputation s'établit très vite dans le monde interlope vivant en marge de la loi. Sa grande chance tint à sa rencontre avec Charles Berry. Depuis bien des années, les deux hommes s'ingéniaient à tourner le Code et y réussissaient.

Ce matin-là, Léon Craponne constata que ses économies atteignaient le chiffre qu'il s'était fixé pour s'arrêter et commencer à vivre. Il allait annoncer sa décision à Charles qui, sans doute, s'emporterait, crierait à l'ingratitude, mais l'avocat s'affirmait résolu à ne pas se laisser fléchir.

La bonne lui apporta tout à la fois son petit déjeuner et le courrier du matin. Il but sa première tasse de café puis commença d'ouvrir ses lettres. Tout de suite son attention fut attirée par une enveloppe bon marché dont l'adresse maladroite portait « Monsieur-Maître Craponne ». L'avocat sourit, mais son sourire se figea lorsqu'il lut ces quelques mots :

LEON CRAPONNE, DECEDE LE...
PRIEZ POUR LUI,

D'abord, il ne comprit pas puis il se mit en colère devant ce qu'il tenait pour une farce grossière due à un de ses confrères envieux. Puis il remarqua que l'enveloppe ne portait pas de timbre. Il fit appeler la concierge qui se précipita car l'avocat était son locataire le plus généreux.

— Vous m'avez demandée, Maître?

— Madame Boret, avez-vous remarqué cette enveloppe dans mon courrier?

— Oh! Oui! Maître! J'ai même failli dire à celui qui l'a apportée que ce n'était pas de cette façon qu'on vous appelait.

— Qui a apporté cette lettre, madame Boret?

— Un pêcheur...

— Je vous remercie, madame Boret...

Quand il se retrouva de nouveau seul, Craponne n'eut plus envie de finir son petit déjeuner. Ces pêcheurs... Qui aurait supposé? Mais ils n'avaient pas le droit de s'en prendre à lui! L'avocat réentendait les avertissements de l'inspecteur Châtel. Enfin, il n'était pas possible qu'on ne puisse pas les empêcher d'assassiner leur prochain! Craponne décida de déposer une plainte pour menace de mort contre ce Barthélemy Giraud. Mais, tout de suite, il réalisa qu'on en ferait des gorges chaudes au Palais et que, d'autre part, il s'affirmait difficile de parler de menaces de mort, seulement de plaisanterie grotesque. Après tout, c'était peut-être bien, simplement, une blague sinistre que ces bougres s'offraient parce qu'incapables d'entreprendre quelque chose de plus sérieux? Quelle idée il avait eue de vouloir défendre cet imbécile de Fernand! Ce n'était quand même pas au moment où il s'apprêtait à recueillir le fruit de tant d'années de travail qu'il permettrait à de pauvres types de venir troubler ses projets!

Néanmoins, il décida d'aller demander son avis à Charles Berry.

***

— Et tu as compté que je te donnerais l'occasion de te débiner?

— Mais, patron...

— Tu me dégoûtes, Fernand... Tu n'es plus un homme! Quelle confiance veux-tu que j'aie désormais en un gars que la première lettre anonyme rend malade et qui, en réaction, ne songe qu'à se sauver?

— Ces pêcheurs...

— ...Sont des rien du tout! Jamais ils n'oseraient attenter à la vie d'un de leurs semblables et tu le sais bien! Faudrait quand même pas oublier, Fernand, que c'est toi le responsable, que c'est toi qui nous a flanqués dans cette histoire, hein? Tu avais bien besoin d'écraser cette malheureuse bonne femme!

— Je ne l'ai pas fait exprès... C'était pour rigoler...

— Eh bien! Rigole, mon vieux, rigole, je ne t'empêche pas!

— J'en ai pas envie...

— Ça se voit, je te jure! Si celui qui a

écrit ce billet pouvait apercevoir ta gueule, il serait drôlement content! Tu te doutes combien j'en ai reçu de lettres anonymes, moi, au cours de ma carrière? Des milliers! Et je ne m'en porte pas plus mal! Le mépris, c'est le seul remède! Et si jamais tu mets la main sur ce marin qui se déguise en facteur, tu lui flanques une belle avoine mais pas plus, hein? Parce que ce coup-ci on ne pourrait pas t'en sortir. Tu as compris, Fernand?

— Oui, patron.

— Faudra reprendre du poil de la bête, mon garçon, si tu tiens à rester à mon service.

Me Craponne entra sur ces entrefaites, l'air quelque peu agité.

— Ah! Vous êtes là, Fernand? Eh bien! Vous pouvez-vous vanter de nous causer pas mal de soucis, vous!

Berry empêcha son homme de main de répondre.

— Qu'est-ce qui vous prend, Maître?

— Il me prend que je ne veux pas payer pour les bêtises des idiots que vous employez, Charles!

— Vous comptez parmi ceux que j'emploie, Léon, ne l'oubliez pas. A part ça, que vous arrive-t-il?

— Ceci.

L'avocat jette sur le bureau le billet qu'il a reçu. Berry se met à rire.

— Vous aussi!

Charles goûte un malin plaisir à montrer à Craponne la lettre adressée à Fernand.

— Et alors, Maître, qu'est-ce que vous pensez de ça?

— Je pense aux conseils donnés par Châtel.

— Que vient faire ce policier dans l'histoire?

— Il nous avait avertis...

— Allons donc! Vous m'étonnez, Maître! Prendriez-vous vraiment ces plaisanteries au sérieux? Laissez ça à Fernand, mais pas vous!

— Parce que Fernand...

— Il crève de peur, mon bon, tout simplement!

— Ah? Il...

— Savez-vous ce qu'il est venu me proposer? De lui permettre de filer se mettre à l'abri des dangers hypothétiques quelque part, loin d'ici. Qu'est-ce que vous en dites?

— Eh bien! Mon Dieu...

— J'espère que vous n'êtes pas venu ici m'adresser une proposition identique?

— Non. Moi, Charles, je n'ai pas de permission à vous demander pour m'en aller quand il me plaira et où il me plaira.

— Dois-je comprendre, Maître, que vous avez subitement décidé de vous retirer?

— Pas subitement, mon cher, mais parce que j'ai atteint le terme que je m'étais fixé pour ma retraite.

— Curieuse coïncidence, vous ne trouvez pas?

— Disons simplement que cette menace accélère ma décision et l'avance de quelques mois.

Berry prend une cigarette, l'allume, exhale la fumée et déclare :

— Bon... Dans ces conditions, je ne vous retiens ni l'un ni l'autre. D'ailleurs, du moment que vous vous mettez à douter de vous, vous ne pouvez plus me servir. Et plus vite vous disparaîtrez de mon horizon, plus vite je vous oublierai! Toi, Fernand, tu crèveras aux travaux forcés parce que tu es fini, usé, et que pour gagner ta croûte tu seras obligé à des coups qui te mettront obligatoirement dans les pattes des poulets. Quant à vous, Maître...

— Je vous dispense de prophétiser à mon sujet, cher ami!

On frappe à la porte, ce qui détend l'atmosphère. La secrétaire apporte à Charles Berry une lettre qu'un homme — un marin — à ce qu'il semble, vient de lui remettre.

— Où est cet homme?

— Mais... Il est parti, Monsieur.

— Il ne doit pas être loin?

— C'est que je n'ai pas cru devoir vous déranger... Il y a à peu près un quart d'heure qu'il s'est présenté.

— Bon! Ça va...

La secrétaire ayant refermé la porte derrière elle, Berry, épié par les deux autres, décachète le pli et trouve un billet identique à celui reçu par Fernand et Me Craponne.

CHARLES BERRY, DECEDE LE...
PRIEZ POUR LUI

Berry hausse les épaules.

— S'ils se figurent m'avoir avec des combines de cette sorte, ils se trompent! Et puis, après tout, je n'y suis pour rien, moi, dans la mort de cette femme!

L'avocat réagit vivement :

— Moi non plus, que je sache?

— Oh! Vous, vous avez inventé les témoins et monté tout ce cirque pour sauver Fernand!

— Et vous, par la même occasion! N'essayez pas de vous en tirer!

— J'agirai comme il me plaira!

— Moi aussi!

— Ça, c'est moins sûr...

— Ça veut dire quoi ce sous-entendu?

— Que me méfiant de vous, mon bon Maître, je me suis constitué un petit dossier qui, envoyé au bâtonnier, vous créerait de gros, de très gros ennuis.

— Vous avez osé faire ça!

— J'ai été bien inspiré, non? Alors, c'est décidé, personne ne part et nous restons ensemble pour mettre ces marins à la raison. Dès que nous en aurons terminé avec ces péquenots, chacun reprendra sa liberté.

Léon Craponne, furieux, insinue :

— En somme, si je vous comprends bien, Charles, vous avez peur, vous aussi?

— Je vous serais obligé de surveiller vos paroles, Maître!

— Pourtant, si vous n'aviez pas la trouille, mon vieux, vous nous ficheriez la paix!

— Mettons que ça m'amuse de vous embêter!

— Piètre comme excuse, vous ne trouvez pas?

— Je n'ai d'excuse à fournir à personne, et à vous moins qu'à tout autre! Vous êtes un minable, Craponne, fourrez-vous bien ça dans le crâne, un minable qui sans moi crèverait de faim en courant le client miteux!

— Et vous, mon pauvre Berry, en dépit de vos millions, vous resterez toujours le pauvre petit truand qui servait de paillasson aux caïds pour ramasser des pourboires!

— Salaud!

Berry se précipite sur l'avocat, la main levée. Craponne ne perd point son sang-froid et se contente de dire :

— Vous tenez à donner un coup de main aux pêcheurs?

Le patron s'arrête, se reprend, respire bruyamment.

— C'est bon... On règlera tout ça en bloc, plus tard... Pour l'instant, nous devons unir nos efforts. L'auteur de ce billet, à votre avis? Le pêcheur dont Fernand a tué la femme?

Fernand opine tout de suite :

— Bien sûr, patron. Voulez-vous que j'aille le calmer?

— Ah! Non! Je t'interdis la moindre initiative! Votre avis, Maître?

— Sans doute ce Barthélemy Giraud, à moins...

— A moins?

— A moins que ce ne soit quelqu'un voulant nous persuader que ces billets ont bien pour auteur un marin-pêcheur, quelqu'un qui nous déteste...

— Châtel?
— Pourquoi pas?
Berry empoigne le téléphone et appelle l'inspecteur principal Châtel en le priant d'avoir l'obligeance de passer le plus tôt possible à son bureau pour prendre connaissance d'un événement nouveau.

CHAPITRE V

Dès qu'il eut fait un pas dans la pièce, Châtel comprit que les trois hommes se trouvaient en plein désarroi. A sa vue, Berry se leva :

— Je vous remercie d'avoir répondu aussi vite à mon appel...

— Je suis venu, Berry, parce qu'au téléphone vous m'avez semblé avoir peur et j'avoue que c'est la curiosité qui m'a poussé. Qu'est-ce qui vous inquiète?

— Mais, je ne comprends pas?... Je n'ai pas peur!

Me Craponne s'avança.

— A quoi bon jouer la comédie, Charles? Monsieur l'Inspecteur, nous nous sentons menacés, Berry, Fernand et moi.

— Menacés?

— Voici les billets que nous avons reçus.

Sans qu'on ait pensé à l'y inviter, Châtel s'installa dans un fauteuil et prit connaissance des papiers qu'on lui présentait puis, regardant Berry, il s'enquit :

— Qu'est-ce que vous attendez de moi, au juste?

— Que vous mettiez un terme à cette plaisanterie!

— Quelle plaisanterie?

— Mais... ces billets?

— A votre place, je n'appellerais pas cela une plaisanterie.

Ils l'examinèrent pour essayer de deviner s'il se moquait ou non d'eux mais il paraissait sincère. Berry s'emporta.

— Enfin, l'affaire a été jugée! Ce type n'a qu'à se soumettre à la décision de la Justice!

— Quel type?

— Le veuf qui a écrit ces billets?

— Comment savez-vous qu'il s'agit de lui? Une pareille accusation frise la diffamation, n'est-ce pas, Maître?

— Je ne pense pas que Berry ait voulu accuser ce garçon, simplement il vous faisait part d'un soupçon.

— Naturellement. Je trouve assez drôle, Berry, que vos complices et vous réclamiez le respect d'une décision de justice.

Il se leva.

— Je ne peux légalement rien pour vous. Rappelez-vous? Je vous avais prévenus. Vous avez falsifié les témoignages, assuré le triomphe du mensonge. Pire, vous avez scandalisé — et dans le sens fort du terme — d'honnêtes gens qui ne pensaient pas qu'il fût possible de bafouer la Justice comme vous en avez donné la preuve. Vous les avez obligés à perdre la foi, Berry. Alors, il ne serait pas étonnant que maintenant, ils aient décidé de se substituer aux magistrats défaillants et de vous réclamer le prix du crime commis par l'un de vous et camouflé par les deux autres.

— En somme, si je comprends bien, vous prenez leur parti?

— Vous comprenez bien, Berry. Je ne bougerai pas le petit doigt pour vous protéger et je nourris l'espoir que vous allez payer toutes vos canailleries de façon pour le moins inattendue. Bonsoir, portez-vous bien et... gardez-vous!

Après le départ du policier, Berry piqua une crise de colère effrayante. Il jetait au sol tout ce qui lui tombait sous la main en hurlant des injures à l'adresse de Châtel qu'il se promettait de mettre, un jour, à genoux. Soudain, Fernand, qui regardait par la fenêtre, poussa un cri.

— Lui!

Les deux autres le rejoignirent pour voir Méni qui, appuyé contre le mur de la maison d'en face, observait le bureau de Charles. De même qu'un chasseur lance son chien, en lui ordonnant : « Rapporte! » Berry hurla à Fernand :

— Ramène-le!

***

Lorsque Fernand, l'air mauvais, se dressa devant lui, Méni ne bougea pas.

— Alors, c'est toi?

— Assassin...

— Tu te crois malin, avec tes lettres?
— Assassin...
— Amène-toi, le patron veut te voir!
— Assassin...
— ... Arrête ton disque, péquenot! Et rapplique!
— Assassin...
— Non mais, dis, espèce de dingue, tu te rends pas compte que je suis à un poil de te descendre?
— Assassin...
— Viens!
Il empoigne Méni par le bras mais l'autre se dégage.
— Me touche pas, assassin... Parce que si tu me touches, je te tue.
— Tu me tues! Voyez-vous ça? Et avec quoi, tu me tues, pedzouille?
— Avec ça...
Méni sort un crochet à poisson de la poche de sa veste et Fernand se rappelle ce que Châtel lui a répété à propos d'un homme abattu avec un pareil instrument.
— Mais à la fin des fins, qu'est-ce que tu me veux?
— Te faire une commission.
— Une commission? De la part de qui?
— De ma femme.
— De ta... Mais, je croyais que...
— Que tu l'avais assassinée? Tu te trompes malheureusement pas... Ma pauvre Marie est morte par ta faute... C'est pourtant de sa part que je dois te dire qu'elle t'attend.

— Tu te fous de moi? Où c'est qu'elle pourrait m'attendre puisqu'elle est...

— Là où tu l'as envoyée, bien sûr, au cimetière.

Ahuri, Fernand regarde Méni. Il ne comprend pas. Le visage de son interlocuteur lui affirme qu'il ne plaisante pas et pourtant, ce qu'il raconte...

— Ça va pas mieux, non? Qu'est-ce que tu veux que j'aille y fiche, au cimentière?

— Lui demander pardon.

— Tu vas voir, bougre de minable, si tu pourras te permettre de te foutre de moi longtemps!

Il s'apprête à frapper Méni mais celui-ci plus rapide, d'un terrible coup de tête, envoie le tueur au sol, assommé. Fernand retrouve ses esprits pour entendre le marin lui conseiller :

— T'amuse pas à ces manières avec moi, tu le regretterais, assassin.

Fou de rage et d'humiliation, Fernand se relève et porte la main à son veston pour y prendre son revolver lorsqu'une voix sèche s'enquiert :

— On s'énerve, Malifaux? Un meurtre ne te suffit pas? Tu prétends exterminer toute la famille?

La présence de l'inspecteur principal Châtel oblige le truand à refréner ses ardeurs batailleuses et il s'éloigne en grommelant des injures tandis que le policier rejoint Méni pour lui ordonner :

— Viens avec moi, j'ai à te parler.

Le marin ne fait aucune difficulté pour suivre son ami qui l'emmène dans le premier café rencontré et sitôt qu'ils sont installés l'un en face de l'autre, Châtel attaque :

— Tu cherches la bagarre, Méni?

— Ça se pourrait.

— J'ai vu les trois lettres que tu as envoyées à Berry, Craponne et Malifaux.

Le veuf ne proteste pas.

— Tu sais que c'est très grave d'envoyer des billets pouvant passer pour des menaces de mort?

— Ce sont des menaces de mort?

— Mais enfin, Méni, tu es fou? Tu tiens donc à retourner en prison?

— Pourquoi pas? J'y ai été alors que j'étais innocent, ça me serait moins pénible d'y retourner si je le méritais.

— Voyons, Méni, tu as toujours été un garçon raisonnable... Tu n'es pas assez enfant pour t'imaginer que tu les troubleras longtemps, ceux qui ont tué Marie ou qui ont sauvé son meurtrier?

— Il faut qu'ils prennent conscience de ce qu'ils ont fait.

— Mais ces gens-là n'ont pas de conscience! Ils ne savent même pas ce que c'est!

Méni secoue la tête, buté dans ses idées.

— Vous vous trompez... Il est pas possible que vous vous trompiez pas... Tout homme a une conscience... Plus ou moins encrassée, plus ou moins endormie, mais il en a une... Le difficile c'est de l'obliger à s'en rendre compte. La plupart, ils ont peur et c'est pourquoi ils ferment les yeux. Moi, je veux les obliger à les ouvrir. Pour s'amuser, un homme a commis un meurtre... Il a trouvé un avocat pour mentir en sa faveur... Il a trouvé un homme riche qui a mis sa fortune à sa disposition pour assurer le triomphe de l'injustice... Vous me ferez pas croire que ces hommes aient compris la gravité de ce qu'ils ont commis... Puisque le raisonnement les touche pas, c'est par la peur que je les forcerai à réaliser l'importance de leur malhonnêteté.

— Bon, admettons... Ces trois crapules finissent par reconnaître qu'ils se sont mal conduits. Et alors? Tu t'imagines qu'ils se précipiteront dans un couvent pour vivre dans la pénitence jusqu'à la fin de leurs jours?

— Non. Je pense qu'ils mourront.

— Qu'ils mourront? Et pourquoi mourraient-ils?

— Parce qu'ils pourront plus vivre lorsqu'ils auront compris qu'ils ont tué une innocente... Une femme qu'ils connaissaient pas, qui demandait rien à personne...

— Mon pauvre Méni, tu nourris de drôles d'illusions! Ces types à la conscience desquels tu crois devoir faire appel, ils en ont déjà tué quelques-uns et cela ne les empêche pas de prendre du bon temps! Tu ne me crois pas?

— Non.

— Pourquoi?

— Depuis qu'on m'a mis en prison, j'ai plus confiance dans la justice que vous représentez. Vous savez, vous, que ce Malifaux a tué ma femme et vous avez pas pu empêcher qu'on me mette, moi, en prison. Alors, sans offense, je vous demande : à quoi vous servez?

Châtel soupira :

— Ce que tu me dis, Méni, je me le dis souvent... C'est vrai que je n'ai guère le droit de te donner des conseils, pourtant j'ai une grande amitié pour toi et je ne voudrais pas que tu t'embringues dans une histoire où tu serais seul contre des gens trop forts et qui te briseraient.

Le marin eut un sourire confiant.

— Je suis pas seul, tous les autres me soutiennent et ils seront avec moi jusqu'au bout.

— Et tu estimes que cela te suffira pour arriver à tes fins?

Méni regarda le policier et très simplement affirma :

— Oui.

***

Pendant que Méni regagnait son quartier — pour lui sa vraie patrie — Châtel, la bouche amère, retournait au commissariat, plus hargneux que jamais. Cet imbécile de Méni... Il se figurait amener ces voyous au repentir! Non, mais peut-on être stupide à ce point-là! Ces gens qui ne savent rien et qui prétendent donner des leçons à tout le monde! Après tout, qu'il se débrouille, le Méni, puisqu'il ne voulait rien écouter! S'il était descendu par un des hommes de Berry, il l'aurait cherché! Et Châtel n'allait tout de même pas se faire de la bile pour une espèce d'entêté sourd à tous les conseils! Quoi qu'il arrive, quoi qu'il puisse se produire, le policier se voulait résolu à ne plus se mêler de quoi que ce soit. Mais, au fond, ce qui l'irritait le plus, c'est qu'il savait parfaitement qu'il se mentait, qu'il ne cesserait pas de s'intéresser aux pêcheurs et que si quelqu'un de la bande à Berry abattait Méni, lui, Châtel, abattrait Berry sans se soucier de son avenir immédiat. L'inspecteur principal se révoltait à agir de la sorte non pas tant parce qu'il éprouvait une affection profonde pour le marin et ses amis mais encore et surtout parce que Méni et ses idées folles représentaient un idéal qui avait été celui de Châtel à son entrée dans la police. Soutenir, protéger Méni, c'était redécouvrir les nobles illusions de sa jeunesse.

Louise guettait le retour de Méni. Dès qu'elle le vit, elle courut à ses devants et l'attrapa alors que déjà il mettait le pied sur son seuil.

— Méni!

Sévère, le marin, qui avait l'esprit à tout autre chose qu'aux histoires de tendresse, s'enquit de ce qu'elle désirait.

— Méni... J'ai entendu les femmes parler... Et des hommes aussi... Amédée qui causait dans un groupe... Paraîtrait que t'as mis une drôle d'affaire sur pied... A la manière dont ils discutaient, j'ai deviné qu'il s'agissait de quelque chose de dangereux. Je veux savoir, Méni!

— A quoi ça t'avancera?

— Si c'est dangereux, je t'en empêcherai!

— Et de quel droit?

— Parce que je t'aime et que je veux pas qu'on te fasse du mal ni que t'en fasses aux autres!

— Le mal, on me l'a déjà fait et pour le reste, ça te regarde pas.

— Méni! Tu peux pas me...

— Assez!

Domptée, elle se tut, se contentant de le contempler, le visage sillonné de larmes. Ces larmes donnaient mauvaise conscience au marin.

— Attention, Louise! Si tu te mets à me casser les pieds sans rime ni raison, ça n'ira plus nous deux. Et puis, de cette façon, je risque pas de m'éloigner de Marie... Elle me criait jamais après, elle... Pas un reproche... Que des sourires!

— T'es en train d'inventer! T'as jamais vécu avec elle!

— Justement! Si tu continues comme maintenant à vouloir me commander, j'oublierai que j'ai jamais vécu avec elle... Je me figurerai, au contraire, que je suis resté marié longtemps et que j'ai été heureux comme c'est pas possible de l'expliquer... Et puis, dis donc, si j'ai jamais vécu avec elle, avec toi non plus!

— Moi, j'ai vécu avec toi... J'ai même jamais fait autre chose que de vivre avec toi.

Toute gonflée de sanglots, elle tourna le dos à Méni et s'en fut. Le marin balança s'il devait ou non la rattraper puis, haussant les épaules, il renonça. Il avait, pour l'heure, d'autres soucis que de consoler une fille trop imaginative.

Sans qu'il l'ait entendu approcher, l'Espagnol surgit à ses côtés.

— La salud, Méni...

— Salut, Ignacio...

— T'as pas l'air content?

D'un signe de tête, il montre la silhouette de Louise qui s'éloigne.

— ... A cause de la fille?

— Oui.

— Elle t'aime, la pauvre petite.

— Je le sais! Et c'est pas une raison pour m'embêter en un pareil moment! Et toi, comment ça va?

— Comme ça..

— Le poisson?

— Peu. Et toi?

— Moi? Moi, j'ai placé les hameçons, j'attends que les poissons se décident à mordre.

***

Fernand a l'impression que ses collègues le fuient. Tous ceux à qui il propose de boire un verre ou de jouer une partie, ont un rendez-vous ou sont occupés. Fernand aimerait se battre avec quelqu'un, pas avec un fantôme, pour se prouver à lui-même qu'il est toujours une « terreur ». C'est cette idiotie de morte l'attendant au cimetière qui le trouble. Il en ricane parce qu'il sait bien que les fantômes n'existent pas. Ça n'empêche que tout au fond de lui s'agite une sorte d'inquiétude sans objet et cela le démoralise. Berry lui-même semble l'éviter et Me Craponne n'a jamais été de ses familiers. Maurice et Albert, les hommes de son équipe, lui battent froid et Fernand tient cette attitude pour une trahison impardonnable. Ce soir-là, il a lourdement dîné et beaucoup bu. Il est dix heures et la nuit est sans étoiles. Juste comme il sort du restaurant, il tombe sur Maurice. Il le hêle. L'autre feint de ne pas l'entendre, mais presse son allure. Fernand le rattrape.

— Maurice, qu'est-ce que ça veut dire?

— Quoi?

— Que vous vous débinez tous chaque fois que je m'amène?

— Des idées que tu as...

— Oh! Me prends pas pour un cave, hein? Tu m'évites, toi comme les autres! Pour quelles raisons? On n'est plus copains, ou quoi?

— Je voulais pas t'en causer, mais puisque tu insistes... On t'a jamais pardonné et on te pardonnera jamais la mort de cette femme qui te demandait rien... Avec ta sale bêtise, tu t'es mis tout le monde à dos... Partout on est au courant de la lettre que t'as reçue. On est sûr que tu y passeras, que les pêcheurs auront ta peau pour venger ta victime!

— Tu serais pas soûl, des fois?

— Non, j'suis pas soûl, et je vais te confier une bonne chose : tu sens la mort, Fernand, et c'est pour ça que chacun se tire quand tu t'approches!

Fernand est comme foudroyé et il n'a même

pas un geste, pas même un mot pour retenir son ancien copain qui s'éloigne.

*
* *

Bien qu'il en soit l'héritier, Méni n'a pas voulu s'installer dans la maison de Marie. Il l'a offerte à la communauté. On y logera les malades. Une sorte d'infirmerie où l'assistante sociale et le médecin pourront travailler lors de leurs visites au hameau. Méni s'est contenté d'emporter quelques petites choses, pour le souvenir. On a jugé qu'il se conduisait bien et on l'aime un peu plus pour sa générosité, pour sa discrétion. Personne ne voit d'un mauvais œil son retour vers Louise. On estime que c'est son droit puisqu'il a eu la délicatesse de ne rien prendre à la morte. Méni est moins sûr de se bien conduire en acceptant que Louise lui parle de sa tendresse alors que Marie n'est enterrée que depuis quelques jours. Assis devant une photo de Marie — une Marie qu'il n'a guère connue car c'est un portrait du jour de ses noces avec son défunt époux — il lui explique, tout en réparant ses engins de pêche :

— Ecoute-moi, Marie, c'est pas que ça me plaise tant de les traquer, ces bandits, mais j'y suis obligé, à cause de toi, sinon on me montrerait du doigt et y en aurait pour dire : « Regardez un peu ce Méni, on lui tue sa femme le soir de ses noces, on le flanque en prison pour le consoler et il accepte tout... Méni, c'est pas un homme et, dans un sens, la Marie, ça vaut mieux pour elle qu'elle soit morte... Elle aura pas connu cette honte! » Ça, elle le comprend pas, Louise, mais toi, Marie, tu le comprends, hein? Tu es plus solide que Louise et puis, tu as l'expérience...

Méni se remet à sa tâche. Cependant, quelque chose le tarabuste encore et il s'interrompt de nouveau.

— Je me doute de ce que tu penses à propos de Louise mais, faut être raisonnable. J'ai acheté la barque, j'ai acheté le lit... T'aurais pu les emporter avec toi, ma pauvre, que je te les aurais donnés de bon cœur! Mais le lit est là et la barque au bout de sa chaîne. Alors, faut bien qu'ils servent, pas vrai? Au fond, la Louise, tu l'aimais bien... Tu sais que je pensais à elle avant que tu deviennes libre... J'ai hésité entre vous deux... Note que je te l'aurais jamais avoué mais maintenant que d'où tu es, tu vois tout, tu comprends tout, à quoi ça me servirait que je te mente?... Louise, elle prendra la place qu'aurait dû être la tienne... Je pense pas que ça sera mal... Quand le moment sera venu, bien sûr...

Méni reste un moment pensif avant de conclure :

— C'est M. Gigas qu'en fera une fête quand je lui mènerai la Louise... Il est capable de me dire : « C'est pas Dieu possible, Méni, je passe mon temps à te marier! »

Assis à sa caisse, Casimir regarde d'un œil soupçonneux le manège de Fernand, complètement ivre, et qui, accroché au bar, discourt à perdre haleine, invectivant celui-ci, défiant celui-là, promettant une râclée à cet autre. Il prend tout la salle à témoin!

— Je sens la mort, il a dit ce salaud de Maurice! Rien que pour ça, je le crèverai! Vous entendez, vous autres? Je le crèverai!

— Tu te rends pas compte que tu nous les casses, Fernand?

— Je veux pas qu'on raconte que je sens la mort, c'est mon droit, non?

— D'accord! Mais c'est notre droit, à nous, de vouloir que tu nous foutes la paix, hein?

— Je te croyais un ami, Casimir...

— J'aime pas les gars qui se soûlent parce qu'ils ont la trouille!

— La trouille, moi? Non, mais ça va pas mieux! La trouille parce que l'autre tripoteur de poissons, il m'a raconté que sa femme, elle m'attend au cimetière? Et d'abord, qu'est-ce que j'irai y foutre au cimetière, hein?

— Te désoûler, d'abord!

— J'suis pas noir... Juste un peu rond... Juste un peu... Mais c'est pas une raison pour m'envoyer des vacheries, hein?

— Tu la fermeras pas un peu? Tu nous fatigues!

Fernand se tait, vide son verre de cognac et promène sur les clients du bar un regard vide d'ivrogne, tout en se tenant à lui-même un discours inarticulé. Un homme qui entre, passe près de Fernand en demandant :

— Oh! Fernand! Pas encore mort?

Il faut quelques secondes au cerveau embrumé de Malifaux pour saisir le sens de la question qui lui a été posée par quelqu'un qui a disparu. De rage, il s'étrangle, hoquette, tousse, éternue et finit par crier :

— Qui c'est qu'a dit ça? Qui c'est? Qu'il se montre et aussi sec, je le crève! Vous entendez? Je le crève!

Un nouvel habitué pénètre dans le bar, et s'arrête devant l'ivrogne gesticulant.

— Quelque chose qui tourne pas rond, Fernand?

— Qu'ça peut te foutre?

— T'es pas bien poli, dis donc?

— Et après?

— On m'avait affirmé que t'étais mort! Ça doit pas être vrai!

— N... de D...! C'est toi qui vas être mort, Paulo, et pas plus tard que tout de suite!

Avec des gestes maladroits, Fernand essaie de sortir son pistolet de sa poche mais il n'y parvient pas. Casimir a sauté de sa chaise pour empoigner une batte de base-ball.

— Ecoute, Fernand, y en a marre! Alors, tu vas sortir bien gentiment, sinon je te fais partager mes souvenirs de l'U.S. Navy, t'as compris?

Malifaux regarde la batte de base-ball que l'autre lui agite sous le nez et se met à hurler :

— Vous pensez tous que je me dégonfle, hein? Vous vous imaginez que j'ai peur de ce pauvre type? Eh bien! Vous allez voir! Je vais y aller dans son foutu quartier de pêcheurs! Et j'y dirai : « Si t'as quelque chose contre moi, vide ton sac, qu'on s'explique! »

— Ça serait plus intelligent de filer te coucher, si jamais tu retrouves ton lit!

— Faut que j'y casse la gueule, à ce type! Casimir, sois franc : y me cherche pas, ce paumé! Oui ou non? Y me cherche. Eh ben! Mon pote, il me trouvera!

— C'est pas Dieu possible que tu sois c... à ce point, Fernand?

— On verra si je me dégonfle! Je te ratatine, ce mec! Et si ses potes sont pas contents, je les ratatine tous! Tiens, Casimir, aussi vrai que je suis là, si tu vois Berry, mon patron, tu pourras y dire : « Vous avez plus à vous ronger la rate, le gars Fernand, il a remis les choses en place! »

— Je te jure!... Le gars Fernand, il est encore parti pour de belles conneries, si tu veux mon avis!

— Ton avis, je m'en fous, sans manquer de respect à l'ancien que t'es, Casimir. Ça te plairait que je te rapporte les oreilles du mec, dis, Casimir?

Ils l'empoignèrent à deux et le flanquèrent sur le trottoir où il s'étala de tout son long. Puis ils rentrèrent dans le bar en commentant la formidable cuite que tenait Fernand. De l'avis général, il se trouvait dans l'incapacité de mettre son projet de visite au quartier des pêcheurs à exécution. Casimir résuma l'opinion du plus grand nombre en déclarant :

— C'est à souhaiter pour lui, car il risquerait de pas en ressortir vivant.

⁂

Contrairement à ce que pensait Casimir et les autres, mû par son idée fixe, Fernand se releva. La haine qu'il ressentait à l'égard de Méni contrebalançait les effets de l'alcool. Il réussit à retrouver sa voiture, à se glisser au volant et, toujours en proie à son obsession, marmonnait :

— Cet enfant de salaud, il me cherche... Ah! Mon salaud!... Il me cherche, eh bien! je m'amène, petite tête, et on s'explique nous deux, à la loyale...

Il réussit à mettre son auto en marche, démarra en exécutant un bond en avant et ce fut heureux pour lui que l'heure ait rendu son chemin à peu près désert car il ne serait sûrement pas allé bien loin sans accident. Il arriva sur la grand-route près de l'endroit où il avait tué Marie. Il reconnut les lieux et se mit en colère.

— Cette garce, elle l'a fait exprès! Pour m'empoisonner l'existence! Elle pouvait pas rester chez elle, non? De la provocation! Elle m'a provoqué, et son Jules avec! Tous des salauds! Faut que je le rectifie, ce gars-là, ou il m'embêtera jusqu'à la fin de mes jours... Non, mais pour qui il se prend? Un pêcheur d'harengs qui prétend me faire la loi! Ah! Doucement, mon pote! Laisse-moi me marrer! Tu me demanderas pardon à genoux ou je m'appelle plus de mon nom!...

Brusquement, il s'aperçut qu'il ne se rappelait plus son propre nom. Il en resta hébété.

— Ah! Ça, alors... Ça, alors... Mais comment c'est que je m'appelle?... Ça, alors... C'est la faute de ce salaud!

Il se mit à pleurer sans trop savoir pourquoi.

— Il m'a piqué mon nom, le salaud!... Y a pas, faut que je le bute! Il me foutra jamais la paix autrement! Allez, hop! Fernand, tu te le farcis directo, ce paumé!

Il réalisa qu'il venait de prononcer son nom et incontinent, il passa des larmes au rire.

— Fernand, c'est bien ça... Ah! La vache!... Comment qu'il s'y est pris pour me le piquer? Attends un peu, mon petit salaud... T'auras pas le temps de faire « ouf! » que je t'aurai envoyé rejoindre ta Julie! C'est Fernand qui te le dit! Hein? Ça te la coupe que je me rappelle, hein? Fernand, parfaitement, mon vieux... Fernand! Et Fernand, il va te dessouder que t'y verras que du feu! Prépare-toi, mec, j'arrive!

Il eut du mal à descendre de sa voiture. Avant de pénétrer dans le quartier des pêcheurs, il sortit son revolver.

***

Méni, son travail achevé, s'apprêtait à se coucher lorsque Eloi poussa sa porte.

— Oh! Méni, le type qu'a tué ta Marie, il entre dans le quartier! Il gueule qu'il te cherche pour te descendre. Il a un pistolet.

— Voilà, Eloi, tout commence... C'est la premier qui mord à l'hameçon... On va le ferrer, ce gros poisson... Préviens l'Amédée et les autres. Vous savez tous ce que vous devez faire...

Eloi reparti, Méni empoigne le crochet-harpon qui sert à hisser les gros poissons dans les bateaux. Il n'eut pas à attendre longtemps. D'un coup de pied, Fernand ouvre la porte et s'encadre sur le seuil où il se cramponne au chambranle. Il a du mal à lever son pistolet tout en bafouillant :

— T'es là... Salaud!... Faut qu'on... Qu'on s'ex... s'explique... Sinon, je... je te descends tout... tout de suite...

Lentement, Méni se lève de son siège.

— T'es venu pour causer à la Marie, assassin?

Mais subitement, Fernand n'écoute plus rien. Il oublie sa grande colère pour ne plus regarder que le crochet-harpon que tient Méni et, par-dessus son ivresse, il entend la voix de l'inspecteur principal Châtel lui racontant qu'il avait vu un jour un homme tué à coups de crochet. Alors, sans qu'il l'ait sentie venir, la peur, chassant son ivresse protectrice, lui noue les tripes.

— Si tu veux causer à la Marie, c'est au cimetière que tu dois aller, assassin...

— Non!... Non!... Non!...

Sans que Méni bouge de sa place, Fernand recule doucement, il se retourne pour fuir, lâche son pistolet et il pousse un hurlement en voyant tous ces hommes immobiles dont les silhouettes se fondent dans la nuit. Il se jette en avant comme une bête forcée et devant lui les rangs s'ouvrent, le chemin est merveilleusement libre. Il court, l'esprit en déroute, la cervelle en feu. Il ne sait plus par où il est venu. Il ignore où se trouve sa voiture, il court, il ne pense à rien d'autre qu'à courir et il se heurte au détour d'une rue à des hommes, le crochet au poing. Alors, il recule pour chercher une autre issue qu'il emprunte et bientôt il se cogne à d'autres hommes, sentinelles lui interdisant le passage. Il court, d'un endroit à un autre, rejeté sans cesse, et sans cesse repartant. Plus on va et plus l'aire où il se débat se rétrécit. Il ne se rend pas compte que les rabatteurs le poussent lentement, inexorablement vers une voie unique. Fernand court droit devant lui, butte contre les pêcheurs, revient sur ses pas, emprunte un autre passage, rencontre de nouveaux gardiens et repart, repart au centre d'un cercle qui, peu à peu, se referme sur lui. Enfin, après bien des efforts, alors qu'il est hors d'haleine et sur le point de tomber, un couloir d'évasion s'offre miraculeusement à lui. Il fonce. Dans son dos, loin, il entend l'écho d'une galopade et il court, aussi vite qu'il le peut, en usant ses ultimes forces. Il franchit une grille qu'il devine plus qu'il ne la voit, et, soudain, tout autour de lui c'est le calme. Il prête l'oreille, il ne perçoit plus l'écho des poursuites. Il a échappé. L'alcool, la peur, la fatigue unissent leurs efforts pour détraquer ce cerveau primitif. Fernand avance, heureux tout d'un coup, de cette quiétude retrouvée. Il ne s'interroge pas sur les raisons de cette chance inespérée. Il en profite... Il s'apaise. Il ferme les yeux pour écouter les battements désordonnés de son cœur. Il ne pense plus à rien. Il est uniquement préoccupé de calmer la course de ce cœur douloureux. Il va à pas lents, tranquilles, assurés.

Fernand a échappé à ses poursuivants. Il ne se pose pas la question de savoir comment la chose a été possible alors qu'ils le serraient de tous côtés. Il ne pense pas. Il est tout à la joie animale d'être délivré de sa peur. Il redevient Fernand, celui devant lequel les autres tremblent. Il se redresse, sa poitrine se dilate. Il est content de vivre. Son ivresse s'est envolée. Seule, sa mémoire a flanché. Il ne se souvient plus pour quelles raisons il est là, au lieu de se trouver chez Casimir ou chez lui.

Il ne comprend pas immédiatement à quoi répondent ces dessins étranges festonnant l'horizon dans la clarté incertaine de la nuit. Peu à peu, il prend conscience de marcher au milieu de masses immobiles aux sommets inégaux se terminant par des espèces de lignes, de croix, et subitement, la bouche ouverte sur un cri qui ne parvient pas à jaillir de sa poitrine, Fernand réalise qu'il avance dans le cimetière, dans le cimetière où l'autre lui a dit que la morte l'attendait.

La sueur coule sur le visage du voyou à demi-fou de terreur. Il voit — oui! Il en est certain! — il voit des ombres se dresser entre les tombes et des ricanements étouffés courent sur le vent nocturne, à croire que les morts sortent de leurs tombeaux pour reprendre à leur compte la chasse que les vivants ont abandonnée. Fernand, reparti dans ses vertiges, distingue des gestes de menace et, de nouveau, il reprend sa course hallucinée, mais dans les allées étroites du cimetière, il bute contre les tombes, s'écroule, repart, ne se rendant même pas compte que sa peur sort de lui en un gémissement continu. Il se lance à droite, mais distinguant une ombre, il se jette à gauche où une autre silhouette le repousse. Enfin, il parvient à bout de souffle, à un endroit où, de nouveau, il n'entend plus rien. Il peut à peine respirer. Un frôlement le fait sursauter et il crie des injures à des adversaires invisibles. Sa raison lentement s'égare et au moment où il reprend haleine, une voix très douce, une voix sans colère, une voix de femme demande plaintivement :

— Tu es quand même venu, Fernand?

Cette voix... Le truand ouvre et ferme spasmodiquement les doigts comme pour étreindre mortellement une ombre. Tremblant, il interroge :

— Qui... Qui est là?

— Celle que tu as assassinée pour rire... Pour rire, Fernand...

Et voilà que de toutes parts, autour de l'homme, montent des rires discrets, des rires étouffés, des rires qui prennent peut-être naissance dans des gorges qui n'existent plus. Il hurle :

— Non! Non!

— Tu es là pour me demander pardon?

Fébrile, il sort des allumettes de sa poche,

il en frotte plusieurs avant de déchiffrer l'inscription :

Marie Fernet, épouse *Giraud.*

Et la voix chuchote, tentatrice :

— Tu viens me rejoindre, Fernand?

Au moment où une main prend la sienne, le hurlement que pousse l'homme traqué est celui d'une bête qu'on égorge. Il se dégage d'une secousse de tout le corps, tourne sur lui-même, veut bondir, son pied dérape sur le gravier et il tombe de tout son poids sur l'angle d'une pierre tombale.

CHAPITRE VI

Un gosse prévient la police qu'il y a un mort dans le cimetière. Le chef Morel croit d'abord à une plaisanterie de bien mauvais goût. Il fronce les sourcils et prend une grosse voix pour demander au gamin :

— Et tu estimes que les morts ne sont pas à leur place au cimetière?

— Celui-là, monsieur, il est au milieu du chemin.

Le chef Morel appelle un de ses agents et tous deux filent en compagnie du petit vers le cimetière. Tout de suite, le chef reconnaît Fernand. Il s'agenouille. Le gars a un trou à la tempe gauche qui a peut-être pour cause une chute et peut-être autre chose. Ça ne plaît pas du tout à Morel, cette histoire-là, surtout que la tombe devant laquelle le gars est mort, est celle de Marie Giraud, la femme assassinée par ce même Fernand. Il y a des coïncidences qu'on ne peut pas accepter et celle-là, le chef ne l'accepte pas. Il ordonne à son agent d'empêcher quiconque d'approcher du cadavre et il gagne le quartier des pêcheurs. Il entre au café où le vieil Honoré est seul. Tout de suite, l'œil du policier se heurte à l'ardoise annonçant les décès non datés de Fernand, Craponne et de Berry. Morel montre le tableau d'un doigt menaçant :

— Qu'est-ce que c'est que ça?

— Une ardoise.

— Jouez pas les idiots, Honoré, ou je me fâche!

— Pour me faire peur?

— Ça se pourrait!

— J'ai septante-neuf ans, chef, alors je me fous pas bien mal de vos menaces... Je vous sers un petit blanc?

Morel hésite mais on ne saurait se mettre en colère contre un vieux, et puis il aime bien le vin blanc, le matin.

— D'accord...

Ils trinquent à l'amitié, ils boivent en connaisseurs et le chef, ayant reposé son verre, insiste :

— Tout de même, Honoré... Pourquoi ces trois inscriptions?

— Parce qu'on attend que ces bandits-là se décident à crever!

— Et... par hasard, vous vous seriez pas mis dans la tête de les y aider un peu?

— A quoi?

— A crever, comme vous dites?

— Si j'en étais capable, ça serait avec plaisir. Mais pourquoi vous me demandez ça?

— Parce que Fernand Malifaux est étalé, mort, dans le cimetière.

— C'est pas vrai?

— Honoré, avec mon uniforme, mon grade, je ne peux que rarement mentir et jamais quand il s'agit d'un décès que j'oserais qualifier de suspect!

— Suspect ou pas suspect, vous êtes sûr qu'il est bien mort?

— Tout ce qu'il y a de sûr!

Le vieux prend un morceau de craie et s'en va inscrire, sur l'ardoise, en face du nom de Fernand Malifaux, « 2 mai 1964 ».

⁂

L'inspecteur principal Châtel, alerté, ne cache pas qu'il n'est pas tellement content et il n'est rassuré que lorsque le médecin légiste lui affirme que la mort de Fernand est peut-être due à une chute malencontreuse ayant fait porter sa tempe sur l'angle d'une pierre tombale.

— Vous excluez l'hypothèse d'un meurtre?

— Je n'exclus rien du tout, inspecteur. J'ai trop d'expérience. Je vous dis simplement que cet homme a fort bien pu mourir de ce qu'il semble être mort. C'est tout. J'ai trouvé énormément d'alcool dans ce type-là. Il est claqué complètement ivre. L'hypothèse de la chute n'en demeure que plus valable... D'autre part, j'ai eu l'impression, en charcutant le cadavre, que votre bonhomme était sous le coup d'une émotion intense, je dirais même d'une panique...

— Mais, vous affirmez qu'il était ivre?

— Et alors? Je ne prétends pas que les raisons de sa peur n'aient pas été de simples phantasmes dus à l'ivresse!

En quittant la morgue, Châtel se rendit chez Méni. Le pêcheur ne se trouvait pas chez lui. Le policier l'attendit. Lorsque le marin revint de la mer et qu'il découvrit l'inspecteur installé dans sa maison, il posa ses engins sur le plancher avant de demander :

— Qu'est-ce qui me vaut l'honneur de votre visite?

— Tu ne t'en doutes pas un peu, Méni?

— Non.

— Tu ignores la mort de Fernand, le meurtrier de ta femme?

— On m'en a causé à la pêche.

— Parce que tu n'étais pas au courant?

— Ma foi, je pars de bonne heure le matin...

— Tu as fini de te ficher de moi, Méni?

— Je sais pas ce que vous voulez dire...

Le policier se leva et prit le marin aux épaules.

— Alors, Méni, tu n'as plus confiance en moi?

— Ni en vous, ni en personne de la ville.

Châtel laissa aller celui qui ne se voulait plus son ami.

— Bon... Mais souviens-toi de mon avertissement, Méni : tu prends la mauvaise route...

— Et Marie, elle avait pris la bonne, sans doute?

L'inspecteur ne tenait pas à se mettre en colère, d'autant plus, qu'au fond, il comprenait la révolte du garçon.

— Méni, l'homme qui a tué ta femme meurt dans un cimetière où il n'avait rien à faire, la nuit, et juste devant la tombe de sa victime. Tu trouves cela normal, toi?

— Juste.

— Là n'est pas la question, tête de mule!

— Au contraire! Souvenez-vous? Je vous disais, le jour où ils prendront réellement conscience de ce qu'ils ont commis, ils ne pourront plus vivre... Voilà, Fernand a dû prendre conscience.

— Un autre que toi, je le foutrais en prison! Car je sais, tu entends? Je sais que vous avez tué Fernand! J'ignore comment vous vous y êtes pris, mais je suis sûr de ne pas me tromper! Tu as bien de la chance, et les autres avec toi, que le médecin légiste ne puisse pas prouver que Fernand a été tué.

— Peut-être parce qu'il y a rien à prouver?

— Puisque tu le prends ainsi, Méni, je n'ajouterai qu'un conseil que tu serais bien inspiré de prendre très au sérieux : ne t'avise pas d'aller chercher Craponne ou Berry parce que je te jure qu'en dépit de l'affection que je te porte, je t'envoie au bagne!

Méni a un beau sourire.

— J'aurai pas besoin d'aller les chercher, ils viendront bien tout seuls.

— Et pourquoi?
— Parce que Marie les attend.

*
* *

Ayant écouté le rapport de son inspecteur principal, le commissaire Thelis sollicita l'opinion de Châtel :
— A votre avis, accident ou crime?
— Le médecin légiste admet l'accident.
Le commissaire eut un geste désinvolte.
— Dans ce cas...
— Mais moi, je suis convaincu qu'il s'agit d'un meurtre, tout en me trouvant dans l'impossibilité de le prouver.
— De toute façon, ce Fernand Malifaux était une crapule notoire et sa perte ne sera pleurée par personne.
— Ce n'est pas une raison, patron!
— Dans certain cas, si.
Un planton prévint le commissaire que Me Craponne et M. Berry le priaient de le recevoir tout de suite pour une affaire des plus graves. Son chef cligna de l'œil à Châtel.
— Ils ont appris la mort de leur homme et ils ont la trouille...
Me Craponne et Charles Berry paraissaient, en effet, hors d'eux. L'avocat prit tout de suite la parole :
— Monsieur le Commissaire, M. Berry et moi-même venons réclamer votre protection!
Le fonctionnaire sourit.
— Je n'aurais pas cru qu'un jour viendrait

où M. Berry serait incapable de se protéger lui-même. De quoi s'agit-il?

Me Craponne et son ami posèrent sur le bureau du commissaire les lettres qu'ils avaient reçues. Ce dernier les prit et lut à haute voix :

— Léon Craponne, décédé le... Priez pour lui. Charles Berry, décédé le... Priez pour lui... Et alors?

— Mais, monsieur le Commissaire, ce sont des menaces!

— Où voyez-vous des menaces, là-dedans, Maître? Nous mourrons tous un jour ou l'autre, vous comme moi, comme Châtel. L'écrire sur un papier relève d'une faute de goût mais pas de la menace... Je m'étonne qu'un homme connaissant le Code aussi bien que vous, Maître, ne s'en rende pas compte?

— Mais Fernand Malifaux avait reçu le même billet et il est mort!

— Et alors?

Furieux, Berry écarte Craponne et se plante devant le commissaire.

— Ça suffit! Vous savez aussi bien que moi que Fernand a été assassiné!

— Assassiné? Première nouvelle! Vous étiez au courant, inspecteur?

Châtel secoue la tête.

— Le médecin légiste est formel : il s'agit d'un accident.

Charles hurla :

— Et moi je vous répète qu'il a été assassiné par ce pêcheur qui avait accusé mon employé du meurtre de sa femme.

— Et ce n'était pas vrai, bien sûr?

— Mais, monsieur le Commissaire, le juge a décrété l'innocence de Malifaux!

— Non, Berry... C'est ce que Me Craponne a obligé le juge à dire en fournissant de faux témoins. Nuance, n'est-ce pas?

L'avocat bondit.

— Vous osez!... Je vous attaquerai en diffamation!

— Je ne vous le conseille pas, Maître, si vous tenez à ne pas être radié du barreau.

Et brusquement, le patron de Châtel se lève et change de ton.

— Vous avez peur, hein? Vous le tueur, et vous l'avocat marron? Eh bien! Entre nous, ça me fait bougrement plaisir!

Craponne proteste :

— Je ne vous permets pas de...

— Vous n'avez rien à me permettre! Je n'ai jamais pu vous coincer, mon cher Maître, malgré toutes vos canailleries, parce que vous avez toujours acheté les témoins! Et vous voudriez que je m'inquiète sous prétexte que quelqu'un se serait mis en tête de vous démolir? Non, mais, vous rêvez ou quoi? Crevez de peur si cela vous chante, Maître, j'ai l'honneur et le plaisir de vous affirmer que je m'en fous! Et maintenant, sortez!

Tandis que Craponne, déjà vaincu, gagne la porte, Charles Berry, qui n'admet pas une pareille défaite, monte sur ses grands chevaux.

— Vous regretterez votre attitude, Commissaire!

— Monsieur le Commissaire! Je ne tolère pas que des gens de votre espèce se permettent la moindre familiarité à mon égard!

— Pour qui vous prenez-vous donc?

— Pour quelqu'un qui n'a pas oublié que vos voyous ont abattu deux de mes inspecteurs! Et ça, je me suis juré que tu le paierais, espèce de crapule! Quant à tenter quoi que ce soit contre moi, tu t'illusionnes, car tu es fini, Berry, fini, lessivé, et tu es le seul à ne pas le savoir! Tu ne trouverais plus personne dans le milieu pour miser un sou sur ta chance! Tu appartiens au passé! Quant au type que tu accuses, arrange-toi pour qu'il ne lui arrive rien parce que je te jure que si tu me fournis l'occasion de venger mes gars, je ne te raterai pas! Sur ce, débarrasse le plancher!

Bégayant de colère, Berry essaie de répondre :

— Vous... Vous n'avez pas le droit de... de...

Mais l'avocat le prend par le bras et l'entraîne.

— Allons, venez, Charles... Nous perdons notre temps ici...

La porte refermée sur eux, le commissaire respire profondément.

— Vous me croirez si vous voulez, Châtel, mais je me sens soulagé... Il y avait un moment que j'éprouvais une sacrée envie de leur confier ce que je pensais d'eux, à ces lascars!

— Je vous comprends, Patron.

— Seulement, il ne faudrait quand même

pas que les pêcheurs exagèrent... Vous devriez aller les avertir.

*
* *

Ce soir-là, au café d'Honoré, ils discutent avec passion sur la mort de Fernand lorsque la porte s'ouvre devant l'inspecteur Châtel. Aussitôt, toutes les conversations cessent et le policier s'avance jusqu'au bar d'Honoré dans un silence méfiant.

— Donnez-moi du rhum...

Honoré jette des coups d'œil inquiets aux autres et murmure :

— Je vais vous dire, Monsieur... Ici, c'est pas un bistrot comme les autres... On n'y reçoit pas tout le monde...

— Allons, allons! Vous savez bien que la police est partout chez elle! Servez-moi vite ce rhum...

Vaincu, Honoré, après un dernier regard de détresse vers ses amis, s'exécuta.

Châtel boit paisiblement son verre dans le silence persistant. Il comprend que ce silence durera jusqu'à ce qu'il vide les lieux. Lorsqu'il a bu, il se retourne, face à l'assistance, les coudes appuyés en arrière sur le zinc.

— Je ne suis pas venu pour vous espionner mais pour vous mettre en garde. La plupart d'entre vous savent qu'ils peuvent compter sur mon appui, dans les limites permises par la loi. Fernand Malifaux, trouvé mort dans la partie du cimetière qui vous est réservée, est décédé de façon naturelle. Ainsi en a jugé le médecin légiste...

Il semble au policier que l'assemblée tout entière respire plus à l'aise.

— ... Il n'y aura pas d'enquête et personne ne sera poursuivi. Seulement, il ne faudrait pas que pareil phénomène se reproduisît, notamment en ce qui concerne Me Craponne et Charles Berry dont je n'ignore pas que vous avez à vous plaindre, mais nul n'a le droit de se faire justice soi-même. En cas d'un nouveau... malheur comme celui ayant eu lieu cette nuit, la police serait amenée à se demander pourquoi ces hommes viennent mourir — de mort naturelle, c'est entendu — au milieu de leurs ennemis? Et lorsque la police commence à se poser des questions, elle ne s'arrête pas qu'elle ne soit capable de se fournir des réponses et des réponses qui la satisfassent. Je tenais à vous le rappeler. Bonne nuit.

Nul ne répond à son salut.

Dehors, l'inspecteur voit un groupe de femmes qui paraissent discuter avec véhémence, notamment une forte et belle commère menant les débats. Au moment où Châtel passe près du groupe bruissant de mots et de gémissements, la plantureuse représentante du sexe faible l'aborde.

— Excusez si je vous dérange, monsieur l'Inspecteur, mais nous autres, on voudrait bien savoir si cette histoire du mort dans le cimetière risque d'amener du vilain?

Châtel sourit, pensant que les communautés les plus solides ont toujours des failles.

— Je viens d'annoncer à vos hommes que l'affaire serait classée, le médecin légiste ayant conclu à une mort naturelle. Je ne tiens pas à vous interroger ni à ce que vous me fournissiez des explications. Simplement, je vous avertis que si une pareille aventure recommençait, cela pourrait attirer de très, très gros ennuis à votre quartier. Vous comprenez?

— Et comment que je comprends! Merci beaucoup, monsieur l'Inspecteur...

Les autres femmes admirèrent le toupet de cette Antoinette Laversanne qui osait parler carrément à un policier comme Châtel.

Voulant profiter de sa lancée, Antoinette harangua ses compagnes.

— Vous avez entendu? Alors, à vous de décider si vous désirez risquer de gros ennuis à cause de M. Méni! Non, mais qu'est-ce qu'il se croit, celui-là pour se permettre de commander tout le monde au doigt et à l'œil? A cause de lui, nos hommes n'ont plus la tête à ce qu'ils font et le mien, il passe maintenant plus de temps au bistrot qu'à la pêche! C'est pas une honte, je vous demande? Les amours de M. Méni, nous, on s'en fout! D'accord, c'est bien malheureux pour Marie, ce qui lui est arrivé, mais personne peut lui redonner la vie, pas vrai? Alors, vous agirez comme ça vous plaira, mais moi je vais y causer entre quatre z'yeux, au Marcel!

Parmi les femmes, en dépit d'un sentiment d'incrédulité inclinant les plus âgées à douter qu'un gars comme le Marcel soit susceptible de se laisser engueuler par son épouse, la majorité approuve l'oratrice pour des raisons essentiellement économiques. Seulement, l'Antoinette, elle a tort de pousser trop loin son avantage momentané.

— A partir de maintenant, le Méni, il faudra plus qu'il vienne nous casser les pieds et j'y dirai, s'il recommence à nous embêter : « de quel droit tu te permets d'ordonner alors qu'on sait même pas d'où tu sors? »

— Tandis que toi, Antoinette, on le sait d'où tu sors, et c'est pas à ton honneur!

Coupée net dans son envolée vengeresse, l'Antoinette flotte et le rouge de la honte lui monte au front. Nul n'ignore dans le quartier que la mère d'Antoinette, son père est allé la chercher dans un endroit dont il est préférable de ne pas parler quand on a de l'éducation. Cette origine s'affirmait la plaie secrète qui rongeait cette costaude sans qu'il n'en parût rien. Elle eût été seule, qu'elle aurait sauté sur la Louise qui vient de l'insulter comme ça, devant tout le monde. Mais Antoinette préfère recourir aux injures, allusions et sous-entendus.

— Ça m'étonne pas que ça soit toi qui prennes la défense de ce bon à rien de Méni! Et ça étonnera personne non plus parce qu'on te voit faire ton manège, bougre de pas propre!

On aime bien Louise, mais l'autorité d'Antoinette rassemble les faibles, les veules, les soumises qui admirent en elle ce qu'elles ne seront jamais. Profitant du moment de stupeur de la jeune fille devant une pareille calomnie, Antoinette poursuit :

— Et toutes celles qui sont là te diront la même chose que moi, Louise, t'as pas de dignité!

— Moi?

— Tu laisses même pas à cette pauvre Marie le temps de refroidir que tu tournes autour de son homme comme une chienne en chaleur!

— Oh!... Comment oses-tu prononcer des horreurs pareilles?

— C'est pas vrai, des fois? T'es toujours collée dans ses jambes! T'as donc si peur qu'on te le prenne? Alors t'as pas à te ronger les sangs! Faut être une laissée pour compte comme toi pour courir après un Méni!

Là, de l'avis unanime, Antoinette va un peu fort; d'abord parce qu'on estime Méni et qu'on respecte Louise qui s'est toujours bien conduite dans le quartier et qui n'a jamais couru après les hommes des autres. On souhaiterait que Louise répondît à l'Antoinette, mais elle n'est pas de force, la pauvre... Elle se contente d'éclater en sanglots et de se sauver. Antoinette sent alors qu'elle a peut-être commis une fausse manœuvre et que son triomphe s'affirme plus apparent que réel. Elle tente de rattraper son auditoire.

— S'il y en a une qui me donne tort, elle a qu'à se montrer!

Une provocation habile mais qui tourne à sa confusion car, émergeant de la troupe féminine, un marin aux épaules larges, au torse lourd, se plante devant l'oratrice.

— Eh ben! dis donc, Toinette, depuis qu'on

est mariés, jamais je t'avais entendue autant causer?

— J'ai eu des mots avec la Louise...

— A cause de quoi tu t'es disputée?

— Ben, tu sais ce que c'est...

— Non, justement, je sais pas, et j'attends que tu m'expliques!

Inquiète, Antoinette regarde autour d'elle dans l'espoir de secours. Mais elle reste isolée face à la colère de son mari.

— C'est à cause du Méni et de ce qui s'est passé cette nuit?

— Et en quoi ça te regarde, ce qui s'est passé cette nuit?

Devant l'affront, Antoinette perd toute prudence.

— En quoi ça me regarde? Elle est forte celle-là! Mais dis donc qui c'est qui tient ta maison? Ce serait pas moi, des fois? Et c'est pas mon droit de crier que je veux pas voir mon homme traîner au bistro ou risquer des histoires avec la police à cause de ce Méni qu'est même pas de chez nous?

Après ça, il y a un gros silence, bien lourd, bien épais, et les femmes retiennent leur respiration dans l'attente de ce qui va arriver à cette effrontée d'Antoinette. Il ne se passe rien de spectaculaire. Le Marcel se contente d'ordonner, mais sur un ton qui fait courir un frisson sur plus d'une échine féminine :

— Rentre à la maison, Toinette, et tout de suite. On s'y expliquera. Je te raconterai pourquoi, quand tu causes mal de Méni, c'est comme si tu causais mal de moi. Je t'expliquerai, aie pas peur!

Ils n'ont qu'à traverser la rue pour pénétrer chez eux. Le groupe des curieuses ne se dissocie pas tout de suite. Elles attendent la suite. Elle ne tarde pas à venir sous forme de cris, de glapissements, de supplications. Sans erreur possible, l'Antoinette reçoit une jolie raclée. Méni et Louise sont vengés.

***

Pendant que se déroule ce petit drame familial, Louise regagne sa demeure, s'y enferme et y pleure l'affront qu'Antoinette lui a infligé. De toute la nuit, elle a bien du mal à trouver le sommeil et lorsqu'au milieu de la matinée, M. Gigas frappe à sa porte, il lui voit un visage bouffi.

— Eh bien! Louise, que se passe-t-il? Tu as une pauvre mine. Tu es malade?

— Non.

— Alors, tu as de la peine?

Elle veut répondre par la négative mais son chagrin lui remontant d'un seul coup à la gorge, elle ne parvient pas à articuler un son. Elle doit se contenter de secouer la tête. M. Gigas lui glisse un doigt sous le menton et la force à relever le visage.

— Dis donc, toi, tu as pleuré? Tu pleures?

— Moi? Quelle idée...

Et elle fond en larmes...

— Louise... Si tu me racontais les raisons de ce gros chagrin?

Elle le met au courant de la scène avec l'Antoinette et des abominations que cette dernière n'a pas craint de lui jeter au visage, en public.

— Je suis averti de cet incident regrettable et je m'apprêtais à rendre visite à Antoinette pour lui exprimer ma façon de penser mais il paraît que son mari lui a administré une telle correction cette nuit qu'elle est obligée de garder le lit. Elle ne perd rien pour attendre! Dis-moi, ma fille, tu étais au cimetière cette nuit?

— Ah?... Vous savez?

— Qu'est-ce que tu y faisais?

— Méni m'avait demandé de me tenir derrière la tombe de Marie.

— Je vais lui dire deux mots, à notre Méni, parce que si tu veux mon avis, Louise, il commence à exagérer!

***

En revenant de la pêche, Méni croise l'Espagnol qui lui frappe amicalement sur l'épaule.

— Bon pour la nuit...

— Et ce n'est pas fini, ils paieront tous!

— Claro... Méfie-toi du padre, Méni...

— M. Gigas?

— Il aime pas ce que tu fais... Il a parlé avec Louise.

— Pas d'importance. C'est un brave homme!

Ils se séparent en amis ayant confiance l'un dans l'autre et Méni n'avait pas quitté l'Espagnol depuis deux minutes qu'il rencontrait le curé.

— Ah! Méni! Je te cherche partout!

— Pourquoi vous me cherchez?

— Pour le plaisir de te voir, d'abord, parce que je t'aime bien, et tu le sais, ensuite...

— Ensuite?

— ... pour te parler.

— De quoi?

— Du drame de cette nuit et de Louise.

— De Louise, d'accord, mais le reste, ça vous regarde pas!

Le prêtre en reste interloqué. La première fois que Méni lui parle sur ce ton, la première fois qu'il refuse ses conseils, ou plus simplement, de connaître son avis.

— Que t'arrive-t-il, Méni? Tu oses prétendre qu'il y a des choses qui ne regardent pas le Bon Dieu?

— Oh! Doucement!... Vous êtes quand même pas le Bon Dieu!

— Je Le représente, mon fils, et je regrette que tu paraisses ne plus t'en rendre compte. Allons, Méni, la mort de la pauvre Marie semble avoir fait de toi un autre homme... Je ne te reconnais plus!

— C'est que, justement, je suis un autre homme, M. Gigas.

Ils se mirent en marche côte à côte, avançant à pas lents.

— Voyez-vous, M. Gigas, toute ma vie, j'ai cru à ce que vous avez enseigné : la bonté, l'honnêteté, la justice. Je pense m'être toujours conduit comme je devais. Et puis, un soir, un homme, pour s'amuser, a tué ma femme et c'est à cet assassin que la Justice a donné raison!

— La justice des hommes, Méni...

— C'est celle-là qui m'a expédié en prison!

— L'épreuve que tu as subie ne te donne pas le droit de prétendre te substituer à Dieu!

— Et s'Il nous oublie?

Le prêtre perd pied devant cette âme naïve à qui il ne peut parler que de choses simples, et, malheureusement, les choses simples ne suffisent plus pour calmer la plaie que ce garçon porte au cœur.

— Si le Bon Dieu oublie, alors je Le remplace, comme lorsqu'un des pêcheurs oublie de ramener un de ses filets, et que je le lui ramène. Le Bon Dieu devait pas regarder de notre côté quand on a tué Marie...

— Méni, sais-tu que tu es en train de blasphémer?

— Non, et puis, ça m'intéresse pas!

— Malheureux! Et si tu mourais subitement, comment oserais-tu te présenter devant ton Créateur?

— Et devant Marie?

Le prêtre change de tactique.

— Que tu veuilles te perdre, c'est ton affaire, après tout, mais tu n'as pas le droit de mêler Louise à ces affreuses histoires et tu n'en as pas le droit parce qu'elle t'aime. Hier soir, des femmes lui ont mal parlé à cause de toi. On t'estimait ici et voilà que tu inquiètes!

— Ceux qui se sont conduits de la façon que

vous dites ont eu tort car une meilleure personne que Louise, il y en a pas. Seulement, pour le moment, moi je ne peux pas penser à autre chose qu'à venger Marie.

— Tu seras bien avancé si on te flanque en prison pour le reste de tes jours!

Méni prend une figure rusée que M. Gigas ne lui connaît pas.

— On m'a mis en prison quand j'étais innocent. A présent, il m'y mettront plus.

— Et pourquoi?

— Parce qu'ils y collent que les innocents.

CHAPITRE VII

Berry fume son cigare sans y prêter attention. En face lui, Me Craponne, les yeux mi-clos, semble chercher sa respiration. Soudain, Charles frappe sur la table.

— C'est fini, cette comédie?

L'avocat sursaute.

— Je... je suis malade...

— Menteur!

— Voyons, Charles, vous savez bien que je suis cardiaque!

— Et après?

— Une émotion brutale risque de me tuer.

— Des histoires!... Les cardiaques vivent souvent jusqu'à un âge avancé.

— Des phrases toutes faites pour rassurer les cardiaques!

— Et Fernand, il l'était cardiaque?

— Fernand? Je l'ignore, mais je ne le pense pas. Pourquoi?

— Parce qu'il est mort, Fernand, et il était

beaucoup plus jeune que moi et il n'était pas cardiaque comme vous! Alors, un conseil, Léon, fichez-moi la paix avec votre cœur délabré. Il ne s'agit plus de geindre maintenant mais de se battre! Vous entendez, Léon? De se battre!

L'avocat n'a plus du tout envie de se battre. Il tente de l'expliquer à son tortionnaire.

— Nous sommes trop vieux, Charles. Moi, du moins. Je n'aspire plus qu'au repos. Laissez-moi partir vivre les quelques années ou les quelques mois qui me restent, dans un coin tranquille!

— Non! Nous nous sauverons ensemble ou nous coulerons ensemble!

— Mais, je suis malade!

Berry se lève, contourne son bureau et empoignant son complice par le revers de son veston, approche son visage du sien pour lui crier :

— Ta maladie, je la connais! La trouille! Tu entends? La trouille! Tu crèves de peur, espèce de dégonflé! Lavette! Et tu voudrais te débiner? Jamais! Je te tuerai plutôt moi-même!

Abandonnant l'avocat, Berry s'en va se verser un verre d'alcool qu'il boit d'un trait. Me Craponne remarque doucement :

— Votre brutalité, Charles, dit mieux que n'importe quel aveu, la peur qui vous tenaille, vous aussi...

Berry se retourne.

— Et alors? Je ne vous reproche pas d'avoir peur, mais de le montrer! C'est quand on a vraiment peur qu'on se bat, et j'ai l'intention de me battre!

— Vous n'avez pas une chance, Charles! Vous avez entendu le commissaire? Croyez-vous qu'il aurait osé vous parler sur ce ton, il y a seulement quatre ou cinq ans?

— Eh bien! Je l'obligerai à reconnaître qu'il se trompe, ce crétin! Fini, Charles Berry? Sans blagues? Non, je me suis endormi, je suis devenu trop bon, et les autres salauds en ont profité! Mais c'est terminé, je vous en donne ma parole! On réentendra parler de moi! Charles Berry n'est pas encore mort et il est capable d'en faire trembler plus d'un! Tous ces petits demi-sels qui ne se sont poussés dans le Milieu que parce que j'ai fermé les yeux, j'entends les remettre à leur place!

— Le pêcheur n'appartient pas au Milieu.

— Celui-là, il ne compte pas!

— C'est vous qui le dites!

— Et puis, qu'est-ce que j'ai à en foutre de ce gars-là? Ce n'est pas moi qui ai tué sa femme, mais Fernand, et Fernand est mort! Bon débarras! Il ne m'a créé que des embêtements, ce type-là! Quant à l'autre tordu de marin, s'il bouge, je le descends! Je vous jure, Léon, que je n'ai pas du tout l'intention, mais alors pas du tout, de me laisser empoisonner l'existence par une bande de péquenots qui ne savent même pas vivre.

Peu convaincu, Me Craponne écoute Charles Berry qui, sous prétexte de le convaincre, tente de se rassurer lui-même. Puis, lentement, parce qu'il a tellement besoin de croire à une sortie possible, parce que, de par son métier, il a foi avant tout dans les mots, l'avocat finit par se persuader que Charles Berry a raison contre les faits et qu'il est capable de redevenir ce qu'il a été. C'est donc dans un état d'esprit nettement plus optimiste que Me Craponne se rend au Palais où il doit plaider pour un quelconque voleur, vieux cheval de retour, pris en flagrant délit. Une tâche pratiquement impossible. Cependant, l'ami de Charles Berry se montre dans une forme si éblouissante que le bruit court bientôt dans les couloirs d'une prouesse de Craponne. On se hâte pour l'écouter et les confrères doivent se rendre à l'évidence : ce diable d'homme possède un beau talent. Deux de ceux-ci résument l'opinion générale :

— Une crapule, mais vraiment très fort...

— Très... Hélas!

Se montrant tour à tour pathétique, ironique, lyrique, convaincant, véhément, Me Craponne exécute un numéro de voltige qui, de toute évidence, subjugue le juge. L'avocat s'envole littéralement dans une péroraison qui doit servir de modèle à tous les stagiaires, lorsqu'il s'arrête brusquement, créant quelques secondes d'un suspense intolérable. D'abord, on croit à une ruse de métier, puis, les plus attentifs remarquent que leur confrère demeure la bouche ouverte, l'œil fixé sur le public rare, et qu'il semble, d'un seul coup, avoir perdu l'usage de la parole.

Au vrai, Me Craponne ne parvient pas à détacher ses yeux de ceux de Méni, qui, au banc du public, le fixe sans ciller. La seule présence du marin renvoie l'avocat à ses angoisses dont il s'était cru délivré par la fausse confiance de Charles Berry. Le juge demande :

— Seriez-vous souffrant, Maître?

Me Craponne s'impose un effort pour détacher son regard de celui de Méni et répondre au magistrat que non, mais d'une telle voix que chacun, dans l'assistance, se doute qu'il se passe quelque chose. Le défenseur reprend sa plaidoirie mais sans la moindre conviction. Pour le plus ignorant, il s'affirme évident que Me Craponne ne prête plus guère attention à ce qu'il dit et, du même moment, le charme est rompu. Comme le fer attire l'aimant, l'avocat — en dépit de sa volonté — tourne sans cesse le visage vers Méni dont le regard ne bouge pas. Alors, Me Craponne se met à bafouiller, se rattrape, bafouille de nouveau, et, découragé, se laisse retomber sur son banc. Il y a un instant de flottement. Le juge prie le défenseur de lui dire s'il a ou non terminé sa plaidoirie. Incapable de parler, Me Craponne répond d'un hochement de tête affirmatif et son client est lourdement condamné. Ce qui devait être une victoire éblouissante se termine en un échec total. Le condamné quitte la salle en injuriant l'avocat.

Dans les couloirs du Palais, les commentaires vont bon train. On s'interroge sur les raisons de cette mystérieuse défaillance. La plupart en éprouvent une satisfaction profonde et certains ne songent même pas à la cacher. Un débutant apporte la solution de l'énigme.

— Avez-vous remarqué que parmi la vingtaine de personnes assistant au procès, se trouvait ce pêcheur dont on a écrasé la femme et pour l'adversaire duquel Craponne a plaidé? J'ai épié le bonhomme lorsque je l'ai reconnu. Il n'a pas quitté notre confrère des yeux. On aurait pu penser qu'il espérait l'hypnotiser! J'ai l'impression que c'est au moment où Me Craponne a pris conscience de la présence de cet homme qu'il a déraillé.

Un vieil avocat qui écoutait son jeune confrère lève un doigt et déclame d'une voix sentencieuse :

— « L'œil était dans la tombe et regardait Caïn... »

***

Rentré chez lui, Me Craponne, que sa gouvernante abandonne le soir, monte s'étendre dans sa chambre. Son cœur lui fait mal et il doit absorber quelques pilules pour tenter de lui rendre un rythme moins douloureux. Les yeux clos, il essaie d'échapper à sa peur, de rêver à un monde où on ne le haïrait pas, où il pourrait enfin passer inaperçu. Un coup de sonnette l'arrache de sa demi-torpeur. Il se lève péniblement et s'en va ouvrir. Un garçon de course se tient sur le seuil, un gros paquet à la main.

— Maître Craponne?

— Oui.

— Pour vous.

Il tend le paquet, guette une seconde un

pourboire illusoire et s'enfuit en sifflant pour marquer son dédain.

Sa porte refermée, l'avocat défait le paquet et en sort une couronne d'immortelles ceinte d'un ruban « Regrets éternels ». Me Craponne se met aussitôt dans une fureur noire, crie, menace, tempête, jette la couronne au sol, la piétine et ne s'arrête que lorsqu'il suffoque. D'un pas chancelant, la main crispée sur la poitrine, il gagne son bureau et se laisse tomber dans son fauteuil, croyant tout de bon qu'il est à la mort. Un nouveau coup de sonnette l'oblige à se relever. Avant que d'aller ouvrir, il prend son revolver. Il commence à ne plus contrôler exactement ses gestes. Il ouvre et voit un personnage sérieux, grave, correct qui s'incline avant de déclarer :

— Pour les mesures, Monsieur.

— Les mesures? Quelles mesures?

— Mais, celles du corps, Monsieur.

— Quoi?

— On nous a avertis que Me Craponne était mort subitement.

L'employé des pompes funèbres recule sous l'avalanche d'injures lui tombant dessus, mais il exécute un véritable saut de carpe lorsqu'il voit braqué sur lui un pistolet. Il se jette dans l'escalier et le dévale au risque de se rompre le cou. A peine l'avocat a-t-il réintégré son bureau qu'on sonne encore. Il pousse un juron et se précipite l'arme au poing, prêt au meurtre. Cette fois, il se trouve en présence de deux agents qui, à la vue du revolver les menaçant, n'hésitent pas, et d'un coup de matraque solidement appliqué, envoient l'avocat au pays des songes. Ils profitent de son évanouissement pour l'emmener au commissariat le plus proche.

***

— Par moment, Léon, je me demande si ce n'est pas le cerveau que vous avez de malade et non le cœur? Alors, il suffit de farces de collégiens pour qu'aussitôt vous perdiez les pédales et vous vous fassiez embarquer comme un vulgaire voyou?

Berry n'est pas content et il le montre à Me Craponne qui, encore mal remis de ses émotions, est pelotonné dans un fauteuil.

— Mais enfin, quelle idée saugrenue avez-vous eue de recevoir un employé des pompes funèbres avec un pistolet et d'en menacer par la suite, la police?

— C'est le type des Pompes qui, affolé, a prévenu les agents et lorsque ces derniers ont sonné chez moi, ils m'ont cru fou... J'ai encore passé un sale moment au poste. Ils voulaient m'envoyer à l'infirmerie spéciale! Finalement, ils se sont contentés de me confisquer mon arme... D'un côté, j'aime autant.

— Et l'auteur de ces farces idiotes?

— On ne sait pas... La couronne a été commandée par un tout jeune homme et le représentant des Pompes s'est dérangé sur un coup de fil émanant, paraît-il, d'un locataire de mon immeuble.

— Ce qui était faux, naturellement?

— Naturellement.

— Léon, il faut absolument vous reprendre, sinon vous craquerez complètement et direz des choses qu'il serait préférable de ne pas dire.

— Laissez-moi partir, Charles! Ainsi, vous serez assuré de mon silence!

— Le cas échéant, je trouverai un autre moyen pour m'en assurer.

***

En cette fin d'après-midi, Louise coupe une robe dans un tissu dont elle espère que Méni aimera la couleur. Elle pourrait s'en assurer tout de suite, puisque le pêcheur se présente devant elle, mais son visage révèle assez qu'il n'est pas l'heure de lui parler chiffons.

— Bonsoir, Louise... Je voulais te voir plus tôt, mais j'ai été occupé en ville.

— Pourquoi tu voulais me voir?

— Pour te causer.

— A cause?

— A cause que M. Gigas et moi, nous avons bavardé. Il m'a raconté ce qui s'était passé entre l'Antoinette et toi... Je te remercie d'avoir pris ma défense.

— C'est naturel quand...

— Quand?

— ... quand on aime.

Méni, touché, avoue à Louise qu'il l'aime bien lui aussi malgré ce qu'il en dit habituellement. Une tendresse qui date de loin. Le garçon reconnaît qu'il ne pensait pas pouvoir un jour parler d'amour à Louise, à cause de Marie. Mais, maintenant que Marie, la pauvre elle n'est plus là...

— Ça veut dire qu'à présent, tu peux, Méni?

Il lui caresse les cheveux.

— Pas encore... Et ne pleure pas ou je me sauve!... Réfléchis, Louise, qu'est-ce que tu penserais d'un homme qui te demanderait de devenir sa femme et qui te ferait entrer dans une maison toute sale?

— Si je l'aime, je la nettoierai!

— Chez moi, vois-tu, le nettoyage, ça me regarde. Si tu es toujours décidée, le jour où j'aurai le droit de te prendre pour femme, tu entreras dans une maison propre, bien lavée, nette...

— Ce nettoyage... C'est rapport à Marie?

— Oui. J'oserais jamais demander à une femme d'avoir confiance en moi si j'acceptais qu'on ait assassiné Marie et que je laisse son assassin en paix.

— Et t'en as pas l'intention?

— Non, j'en ai pas l'intention.

⁂

Me Craponne a dû se dominer pour trouver la force, le courage de se rendre au Palais. Il se sent épuisé. De plus, il perd tout espoir de s'en sortir. Obscurément, il sait qu'il a perdu la partie. Il devine qu'il ne jouira jamais d'un bien mal acquis. Il se souvient des préceptes moraux que sa mère lui enseignait et dont il s'est moqué. Aujourd'hui, ces paroles prononcées dans un autrefois perdu dans la brume des années écoulées, prennent une résonance particulière. Redevenu le gamin qui courait dans les champs, l'avocat se demande si, au fond, les siens n'avaient pas eu raison.

Les premiers qui, dans les couloirs du Palais, croisent Me Craponne, le jugent, sur sa mine, gravement touché. Prévenus, d'autres avocats s'arrangent pour voir le malade et convenir qu'il doit être très sérieusement atteint car il n'est pas possible qu'on puisse vieillir aussi vite en l'espace de deux ou trois jours.

Depuis des années, la majorité des avocats évite de serrer la main de Me Craponne qui, ce matin-là, éprouve pourtant le besoin d'une présence, sinon amie, du moins confraternelle. Mais le premier à qui il tend la main, lui tourne le dos.

Lorsque le président du tribunal lui donne la parole, Me Craponne se lève, fatigué, sans entrain, subitement dégoûté de son métier, et la première chose qu'il voit, c'est le premier rang du public entièrement composé de marins-pêcheurs qui le regardent et ne regardent que lui. Il se cramponne à sa table pour ne point vaciller. D'un voix rauque, il lance :

— Monsieur le Président...

Et puis un silence. Le magistrat, surpris, assure :

— Je vous écoute, Maître!

— Ne... Ne peut-on faire évacuer le premier rang du public?

— Mais, Maître, je ne sais si vous vous rendez compte à quel point votre demande est...

Enfin, hors des usages et... contraire à la loi assurant la publicité des débats?

— Ces... Ces gens-là m'en veulent...

— Maître, vous n'avez pas à vous soucier d'eux et comptez sur moi pour réprimer toute manifestation déplacée.

— Il faut qu'ils s'en aillent!

Le magistrat se fâche.

— Maître, je vous serais obligé de mettre fin à cet incident ridicule et qui n'a que trop duré déjà!

— Si ces gens-là ne sont pas expulsés, je ne plaiderai pas!

— Cette menace est intolérable, Maître! Je vais en référer à M. le Bâtonnier. La séance est suspendue ou remise *sine die*.

Dans ce Palais encombré, Me Craponne a l'impression d'avancer dans un désert.

***

Chez lui, l'avocat s'enferme dans son bureau, bien décidé à ne répondre à personne, qu'on téléphone ou qu'on sonne à sa porte. Faible, malade, respirant avec peine il se veut lucide pour faire le point de la question. Il faut envisager la réalité avec courage et clairvoyance. Il s'y résout.

Berry ne le laissera pas s'éloigner. Affolé lui-même, l'ancien roi de la pègre ne veut pas rester seul. Dès lors, il n'existe pas d'autre issue que d'essayer de s'entendre avec celui-là même qui les persécute. Léon se promet, pour obtenir le droit à la paix, de démontrer qu'il n'est qu'un otage de Charles Berry, qu'il n'a défendu Fernand que contraint et forcé, que lui-même a cru à la sincérité des témoins fournis par son patron. En bref, Me Craponne est prêt à trahir pour sauver sa peau.

⁂

Pour ceux qui n'étaient pas au Palais de justice, Méni — dans le café — raconte ce qui s'est passé et la nouvelle victoire remportée sur Me Craponne. Tous écoutent avec plaisir le récit de ce triomphe. Certains des pêcheurs qui se trouvaient au Palais interrompent parfois l'orateur pour préciser un détail, ajouter une anecdote. L'assemblée est si totalement passionnée par ce qu'elle entend que nul ne prend garde à cet homme qui, entrant timidement, demande à Honoré :

— M. Barthélemy Giraud est-il là?

Honoré ne comprend pas tout de suite.

— Qui ça?

— M. Barthélemy Giraud.

— Barthélemy Gi... Ah! Oui, Méni?... Oh! Méni!

Choquée, toute l'assistance se tourne vers Honoré.

— C'est quelqu'un qui veut te causer.

Alors, ils reconnaissent Me Craponne, et le vieil Amédée remarque :

— Il est venu, lui aussi...

Méni s'avance vers l'avocat.

— Qu'est-ce que vous désirez?

— Je... Je souhaiterais vous entretenir en particulier, si c'est possible?

— Non... Le meurtre de ma femme, c'est pas seulement mon affaire, mais celle de tous ceux qui sont là. Alors, il y a pas de raison qu'ils entendent pas ce que vous avez à me dire.

— Comme il vous plaira...

Me Craponne ôte son chapeau, quitte son pardessus et pose le tout sur le comptoir d'Honoré.

— Messieurs, je suis là pour vous dire que vous ne vous rendez peut-être pas compte de ce que vous êtes en train de faire? De ce que vous risquez? Les farces indignes d'adultes dont je suis l'objet tombent sous le coup de la loi. Bien qu'elle ait été reconnue naturelle, la mort de Fernand a soulevé bien des curiosités qui ne demandent qu'à se manifester à la première occasion. Si je dépose plainte contre vous, la mort de Fernand pèsera lourd dans l'esprit des juges. Il m'est possible de vous ruiner par une série de procès que je suis certain de gagner. Et alors, vous serez bien avancés lorsque vous aurez perdu toutes vos économies, quand la police ne cessera plus de vous tracasser, hein?

— Il nous restera la ressource de vous casser la gueule et de vous envoyer nourrir les poissons!

— Vous deviendriez des assassins?

— Comme vous!

— Accusation stupide! En défendant Fernand Malifaux soupçonné d'avoir écrasé une bonne femme...

L'avocat se mord les lèvres et veut reprendre cette expression malheureuse, mais Méni le rassure :

— Non, non... C'est très bien dit... Marie était une bonne femme...

— Comprenez donc que mon métier consiste à sauver la vie ou la liberté de ceux me demandant de les défendre. Vous ne pouvez quand même pas me reprocher d'exercer mon métier?

— Un médecin qui se livre à des malhonnêtetés est chassé de chez les médecins. Un commerçant qui trompe sur sa marchandise, est puni... Pourquoi un avocat qui, volontairement, défend des canailles, sachant qu'elles sont des canailles et s'arrange pour qu'on donne tort à la victime, pour faire punir l'innocent, ne serait-il pas châtié, lui aussi?

Me Craponne réalise alors l'erreur qu'il a commise en venant se fourrer dans ce guêpier. Il recule vers le comptoir en disant :

— Vous n'oseriez quand même pas me...

— Non, on va vous donner une chance. Maître, la chance que Marie n'a pas eue.

— Une chance? Qu'entendez-vous par là?

Sans lui répondre, Méni s'entretient à voix basse avec Amédée et les anciens. Bientôt deux hommes, parmi les jeunes, prennent place devant la porte pour interdire toute sortie. L'avocat, blême, affolé, porte la main à son cœur douloureux et proteste :

— Mais enfin, qu'est-ce que cela signifie?

Vous n'avez pas le droit de me retenir ici contre mon gré! Cela risque de vous coûter cher!

Personne ne semble prêter attention à ses questions et à ses menaces. On dispose les tables du café en une sorte de demi-cercle et dans le centre de l'espace ainsi délimité, Honoré met un escabeau. L'avocat a l'impression de vivre un cauchemar où il demeurerait invisible aux gens parmi lesquels il se débattrait et qui n'entendraient pas ses cris. Il devine que cet escabeau, placé au centre de la pièce, lui est réservé, mais pour quoi? Méni s'assied juste au milieu du demi-cercle des tables. On se groupe autour de lui par ordre d'ancienneté. Derrière cet aréopage, les pêcheurs qui n'ont point eu droit à un siège se tiennent debout. Seul, Honoré n'a pas changé de place et est demeuré derrière son comptoir. Cela n'a aucune importance car il y a longtemps que l'avis d'Honoré, on ne le prend plus que pour la forme. Sur un signe de Méni, Honoré tape sur son zinc et crie :

— Silence!

Aussitôt, chacun se tait. Le vieil homme, enflé de son importance inattendue, poursuit :

— Affaire Marie Giraud contre Craponne.

L'avocat hurle :

— Que signifie cette mascarade? Vous bafouez la justice!

Amédée regarde Craponne droit dans les yeux et réplique :

— Vous nous avez montré le chemin.

— Mais...

— Taisez-vous!

Déjà vaincu, Craponne ne pipe plus mot. Sur un signe de Méni, deux hommes prennent l'avocat chacun par un bras et l'emmènent jusqu'à l'escabeau où ils le forcent à s'asseoir. Devant tous ces pêcheurs rudes et forts qui le fixent gravement, Me Craponne semble tout petit, malingre, ridicule. Méni explique :

— Maître, voilà votre chance. Vous aurez la parole pour essayer de nous prouver que vous êtes pas complice de la mort de ma femme. Si vous y parvenez, on vous reconduira jusque chez vous après vous avoir présenté nos excuses. Si vous y réussissez pas, vous serez emmené au large et jeté à la mer.

— Ce serait un crime!

— La mort de Marie en a été un!

— Je vous...

— Silence! La parole est à Amédée pour qu'il raconte ce qui s'est passé.

Sur l'ordre d'Honoré, le vieil Amédée, celui que tout le monde respecte, celui à qui tout le monde obéit, se lève et expose les circonstances de la mort de Marie, au soir de ses noces. Quand il se rassied, Honoré donne la parole à Méni pour l'accusation.

— Je peux pas dire que Me Craponne était présent lorsque toutes ces horreurs ont eu lieu. Seulement, lorsque j'ai porté plainte contre Fernand Malifaux, l'assassin, on est venu me conseiller de retirer ma plainte, parce que ce Fernand, il était l'employé d'un gangster, Charles Berry, que Me Craponne aidait de son savoir. J'ai pas cru que c'était une chose possible. J'ai pas cru que la Justice pouvait innocenter les criminels et mettre en prison les victimes. J'ai pas cru que les menteurs se verraient donner raison. Je me trompais. Le juge a déclaré que Fernand était innocent alors qu'Amédée et moi l'avons vu tuer Marie et le juge a ordonné qu'on me mette en prison. Pourquoi a-t-il décidé ces injustices? Parce que Me Craponne ici présent a juré que je me trompais, que je pouvais pas avoir vu ce Fernand tuer ma femme pour la bonne raison que cet individu se trouvait, à l'heure du crime, à cinquante kilomètres de là. Me Craponne a menti pour sauver Fernand et comme ça il est devenu le complice du meurtrier. C'est pourquoi, moi, je trouverais normal qu'il paie comme Fernand.

Pour Craponne, cette scène a quelque chose d'hallucinant. Ces hommes refont le monde sans se préoccuper du monde existant : ils inventent des lois et entendent les appliquer. Devant eux, il se sent nu et désarmé en dépit de ses connaissances du Droit. Pour la première fois, depuis bien longtemps, Léon Craponne se trouve face à face avec une vérité simple qu'il a complètement oubliée. Il ne la reconnaît pas. Elle l'épouvante. Il est pris d'un irrépressible tremblement lorsque Honoré annonce :

— La parole est à Me Craponne pour sa défense!

Complètement désemparé, l'avocat se lève et sous ces yeux qui l'observent, impitoyables, il tremble, hébété. Il ne trouve pas les mots nécessaires parce qu'il lui faut parler avec son cœur et il ne sait pas. Lui qui a sauvé tant et tant de coupables, devine qu'il ne réussira pas à se sauver. Alors, il a recours à l'arme des faibles, la supplication. Il demande aux pêcheurs d'avoir pitié de lui. Il reconnaît ses fautes mais il était contraint par Charles Berry, le seul, le vrai coupable parce que le maître auquel il faut obéir. Mais Craponne aurait parlé devant des statues qui c'eût été exactement la même chose. Pas un pêcheur ne bouge, pas un de ces visages figés ne tressaille. Alors, l'avocat oublie toute pudeur et se met à genoux, joignant les mains pour solliciter la pitié mais sans prononcer le moindre mot de regret au sujet de la mort injuste de Marie. Constatant que ses larmes n'ont aucun effet, Craponne pique une crise de colère démente. Il injurie les vivants, il insulte les morts et, brusquement, il porte les deux mains à sa poitrine, ouvre une bouche démesurée d'où ne sort aucun son et s'écroule d'un bloc.

Aussitôt, les pêcheurs se précipitent, entourent l'avocat près de qui ils s'agenouillent. A son comptoir, Honoré a pris un morceau de craie, attire l'ardoise à lui et demande :

— Je peux, Méni?

Méni, qui vient de relever les paupières de Me Craponne, répond :

— Tu peux...

Et le vieil homme inscrit avec application la date de sa mort en face du nom de l'avocat.

∴

— Vous m'avez demandé, patron?
— Oui, Châtel... Vos amis exagèrent! Craponne est mort!
— Craponne! Quand?
— Cette nuit... D'une crise cardiaque.
— D'une crise cardiaque? Dans ce cas je ne vois pas...
— Parce qu'il a trouvé le moyen d'aller mourir chez vos copains, dans leur café!
— Ça, alors!...
— Comme vous dites. Fernand s'en va claquer dans leur cimetière et celui-là dans leur café! Un peu raide, non?
— Si... Qu'en pense le médecin légiste?
— Mort tout ce qu'il y a de naturelle. Aucune trace de violence. Craponne se soignait pour son cœur.
— Alors?
— Alors, Châtel, il ne faudrait quand même pas me prendre pour plus idiot que je ne suis! Je n'aime pas ces morts trop naturelles dans les endroits bizarres! Nom d'un chien de nom d'un chien, s'il y a un coin que Fernand devait éviter, c'était bien le cimetière, et dans ce cimetière, la tombe de sa victime! Vous avez vu Craponne, crevant de peur dans ce bureau? Alors, expliquez-moi comment ce lâche a trouvé le courage de se rendre chez ses ennemis, pour quelles raisons il a jugé bon d'effectuer cette effarante visite?
— Il n'y a que lui qui pourrait répondre.
— Et quelques autres aussi, peut-être, parce que, voyez-vous, Châtel, il y a bien des manières de tuer un homme de façon naturelle...

— Sans doute mais, ce doit être difficile à prouver?

— On essaiera tout de même!

Dans le café, le commissaire et Châtel ont rassemblé Méni et les anciens.

— Alors, vous ne comprenez pas?

Méni répond pour les autres.

— Non, on comprend pas... Du moment que le médecin légiste il a dit qu'il était mort d'une crise cardiaque, en quoi ça nous regarde?

— Toi, mon petit, tu as fait des progrès, hein? Tu es devenu trop malin pour mon goût, tu entends? Et les malins, je m'en méfie! Craponne était une crapule? D'accord! Il a claqué d'une crise cardiaque? D'accord! Mais ces morts si providentielles ne me plaisent pas!

— Ça... On n'y peut rien.

— Tu ne te foutrais pas de moi, par-dessus le marché?

Le vieil Amédée intervient :

— Nous, on se fout de personne, monsieur le Commissaire... Ça serait plutôt les autres qui se foutraient de nous... On nous assassine nos femmes et on nous flanque en prison. Si ça s'appelle pas se foutre du monde, comment donc que ça s'appelle?

Le commissaire ne sait trop quoi répondre et, brusquement, il aperçoit l'ardoise accrochée au mur.

— Et cette pancarte, pourriez-vous m'expliquer ce qu'elle signifie? Ce n'est pas une provocation, peut-être?

— C'est l'état civil de notre honneur, monsieur le Commissaire.
— Et naturellement, vous n'êtes pour rien dans la disparition de Fernand Malifaux et de Craponne, dont vous attendiez, dont vous souhaitiez la mort ainsi que le prouve cette ardoise?
— Pour rien, monsieur le Commissaire.
— Alors qui donc les tue, sacré nom d'un petit bonhomme?
— Mais... Dieu, monsieur le Commissaire, et j'ai l'impression qu'Il ne nous décevra pas, du train dont vont les choses.
Hors de lui, le commissaire s'en prend à Châtel.
— Ils sont bien vos amis! Francs, loyaux, propres, et tout et tout, quoi! Mais je vous fiche mon billet qu'ils les regretteront leurs fantaisies! Et d'abord, toi, Méni, peux-tu me raconter ce que Me Craponne est venu faire ici?
— Pour nous supplier de l'épargner.
— Donc, vous aviez décidé de le supprimer?
— C'est ce qu'il s'imaginait... Ah! C'était un bien triste spectacle... Cet homme à genoux qui suppliait, les mains jointes... Et puis cette colère effrayante qu'il a piquée jusqu'au moment où il a porté les mains à sa poitrine et est tombé... Nous avons été bien embêtés parce qu'on s'est dit que ça allait encore faire des histoires... Pas vrai, Amédée?
— Tout juste.
Les policiers s'en vont. Ils ne peuvent rien. Honoré retourne à son comptoir et à ses rêve-

ries. Méni reste en face d'Amédée assis à la même table. Le vieux s'inquiète :

— T'as l'air préoccupé, petit? Quelque chose qui tourne pas rond?

— Une question que je me pose... Ecoute, Amédée, est-ce que j'ai le droit, pour venger Marie, de harceler ces hommes jusqu'à ce qu'ils meurent?

— Si c'était que pour Marie, non, t'aurais pas le droit, mais on se bat pour quelque chose de bien plus important, Méni, pour la Justice. Après ce qui t'est arrivé, les hommes d'ici, ils étaient désespérés parce qu'ils croyaient plus dans la Justice. Et quand on croit plus dans la Justice, personne a le courage de vivre. Depuis la mort de l'assassin, et de l'avocat, ils reprennent confiance. Ils commencent à admettre que dans ton cas, dans notre cas, il s'est seulement agi d'une erreur... Que le juge a été trompé... Tu comprends? C'est pour ça qu'il faut continuer.

— Oui, je te comprends, Amédée... Seulement, il y a les autres... T'as été au courant de ce qu'il s'est passé entre Antoinette et Louise... Il y en a qui commencent à me regarder du mauvais œil et plusieurs, dans leur cœur, se demandent de quel droit je trouble la tranquillité de notre communauté... Amédée, je suis sûr qu'ils sont déjà quelques-uns à désirer que je m'en aille...

— Méni... T'es pas né ici et pourtant, c'est toi, aujourd'hui, qui porte le sort de nous tous... Tu dois continuer, Méni, même si c'est dur, même si c'est dangereux, même si tu dois tout perdre... Même si on t'obligeait à t'en aller... Parce que, dans ce cas, parlant à ta personne, Méni, je te dis : je partirais avec toi.

A travers la table, Méni prend les mains d'Amédée dans les siennes.

— Je continue, Amédée, et si personne me suit, j'irai tout seul.

***

Cette animosité sourde des autres, Méni s'en aperçoit sitôt qu'il a quitté le café. Contrairement à ce qu'il se produit d'ordinaire, on affecte de ne pas le voir, certaines femmes lui tournent carrément le dos. Une vieille le prend par le bras.

— Méni, on t'a toujours eu en bonne estime... Qu'est-ce qu'il te prend tout d'un coup? Pourquoi tu veux nous faire des misères?

Le pêcheur repousse doucement la vieille.

— Il faut avoir confiance, la Mémé... Ils ne comprennent pas et ils se font des idées... Mais il faut avoir confiance.

Méni voit passer Louise une corbeille de linge sous le bras. Il l'appelle. Elle feint de ne pas l'entendre et presse le pas. Il la rattrape.

— Louise...

— J'ai pas le temps, Méni... Trop de travail... A une autre fois.

Elle rentre chez elle, il la suit. La porte refermée, elle se retourne, le visage fermé :

— Qu'est-ce que tu veux?

Il la regarde et il ne la reconnaît pas. Il ne peut que dire :

— C'est pas possible... Toi aussi, Louise...

— Je comprends pas?

— Il y a rien à comprendre, Louise... Je vois, simplement, que tu t'es mise contre moi avec les autres.

Elle ne répond pas. Il insiste, un peu désemparé par cette trahison inattendue.

— C'était ça ton grand amour, Louise?

— J'aime toujours le Méni que je connaissais, pas celui que tu es devenu. Qu'est-ce qui t'a changé de cette façon, Méni?

— C'est là où tu te trompes, Louise, j'ai pas changé...

— Personne te reconnaît plus... Tu es devenu dur, impitoyable... Tu nous mets tous dans les ennuis... La police nous surveille et tout ça, pourquoi? Pour venger une morte à qui toutes tes manigances rendront pas la vie! Cet homme dans le cimetière, cet autre dans le café... Tu sais bien que tu les as tués, Méni...

— Pas moi!

— Et qui donc, alors?

— Marie.

— Je pense pas que Marie serait heureuse de ce que tu fais.

— Je pense que là-dessus, c'est mon avis à moi qui compte. Adieu, Louise.

— Adieu, Méni.

CHAPITRE VIII

Depuis la mort de Craponne, Berry a terriblement vieilli. Il ne comprend pas. Ces histoires le dépassent. Il a peur, peur de quelque chose qu'il ignore. Il s'est mis à boire et a expédié sa femme à des centaines de kilomètres de là. Il est retourné voir le commissaire pour réclamer une protection officielle. On lui a ri au nez. Me Craponne est mort de mort naturelle et son décès ne peut donner lieu à l'ouverture d'une enquête. Sous le regard goguenard du policier, le truand vieilli, embourgeoisé, est reparti, l'épaule voûtée.

Berry ne sort presque plus de son bureau. A portée de sa main, dans le tiroir, il garde son revolver. Il y a bien des années qu'il ne touche plus aux armes. En en sentant le poids dans sa paume, il retrouve un peu de sa jeunesse et de sa confiance d'autrefois.

Charles ne s'étonne pas tellement lorsque sa secrétaire lui annonce qu'un marin demande à lui parler. Berry attendait obscurément cette visite. Il l'espérait presque. Il est temps qu'on s'explique. Il donne l'ordre d'introduire Méni puis il ouvre son tiroir et pose la main sur la crosse du pistolet.

Méni entre et s'arrête devant le bureau de Berry qu'il se contente de regarder. Charles, énervé, demande :

— Et alors? Tu te figures m'épouvanter en venant jouer les fantômes dans ma maison, pauvre cloche? Fernand est mort. Craponne est mort. Bon débarras! Des faibles, des lâches. Moi, je suis d'une autre trempe. Tu t'en apercevras si tu continues à me casser les pieds. Maintenant, tu peux foutre le camp avant que je ne me mette en colère pour de bon!

— Assassin...

— Quoi? Tu oses? Tu te permets? Va-t-en!

— Assassin...

Charles empoigne le revolver.

— Tu paries que je te fais changer de disque?

— Assassin...

Berry est sur le point de tirer mais il se reprend à temps.

— Tu serais trop content, hein?

— Assassin...

— Ça va, ça va, bonhomme, quand tu seras fatigué tu t'arrêteras!

— Vous avez peur...

— Tu ne serais pas dingue, par hasard?

— ... Terriblement peur... Comme avait peur Fernand avant de tomber devant la tombe de Marie... Comme avait peur Craponne avant de tomber à nos pieds.

— Ta gueule!

— Et savez-vous pourquoi vous avez peur? Parce que vous savez que vous allez mourir.

— Cause toujours, tu m'amuses!

— Une ordure... Rien d'autre qu'une ordure, voilà ce que vous êtes... Il faut vous balayer comme une ordure... Vous devez disparaître pour la propreté de tous... La mort de Marie, c'est mon affaire à moi. Votre mort, c'est l'affaire de tous. Vous criez, vous grondez, vous menacez comme les vieux chiens qui n'ont plus de dents. Vos menaces il n'y a que vous pour les prendre au sérieux.

Berry veut réagir mais il ne peut pas car il devine que l'autre a raison, qu'il est vieux, qu'il est fini. Il n'est plus sûr de trouver en lui assez de ressources pour se battre, fût-ce pour défendre sa peau.

— Alors, tu comptes me tuer?

— Je compte que vous mourriez.

— Et que te proposes-tu de faire pour arriver à ton but?

— Rien.

— Rien?

— Vous irez tout seul vers votre mort.

Charles ricane.

— Pauvre dingue!

— A partir de maintenant, je vous quitte plus... Partout, vous me rencontrerez. Je collerai à vous comme un remords...

— Si tu exagères, bonhomme, j'ordonne de te descendre!

— Et puis après? D'autres prendront la relève. Je pense pas que vous puissiez en sortir Faudra payer avec votre vie. Au revoir.

— Au revoir? Tu te trompes! Adieu!

— Non, au revoir. On se reverra souvent.

— Si je le veux!

— Si moi, je le veux... Et je le voudrai.

Dès que Méni est sorti, Berry empoigne le téléphone.

— Allô!... Ici, Berry... Passez-moi Maurice... Allô! Maurice? Viens tout de suite, je t'attends. J'ai dit tout de suite!

⁂

Méni, les mains dans les poches, regagne paisiblement le quartier des pêcheurs lorsqu'il passe devant le petit jardin où l'abbé Gigas est en train de travailler. Méni entre dans le jardinet.

— Donnez-moi cet outil, monsieur l'Abbé... Il me semble que vous avez pas tellement la manière.

Le vieux prêtre se redresse péniblement.

— Ce n'est pas de refus, Méni... Je commence à ne plus pouvoir... Tout cela te sera rendu au centuple... Pendant que tu bines, je vais lire mon bréviaire... Quand tu auras terminé, tu m'appelleras...

M. Gigas réintègre son presbytère tandis que Méni se met vigoureusement à la tâche. Il travaille depuis une heure lorsqu'on le hèle de la rue. Il se relève pour voir un garçon d'une élégance un peu ostentatoire. C'est Maurice, un des hommes de main de Berry.

— C'est à moi que vous vous adressez?

— Barthélemy Giraud?

— Oui.

— J'ai une commission de la part de M. Berry.

— Qu'est-ce qu'il a encore, celui-là?

— Je ne peux pas le crier.

— Eh bien! Entrez!

Maurice pénètre dans le jardinet.

— Vous êtes seul?

— Oui. Pourquoi?

Le truand ricane.

— Parce que j'aime pas tellement les témoins.

Sortant un poignard de sa poche, il se jette sur Méni qui évite la charge en exécutant un pas de côté mais ne peut empêcher la lame de lui entailler le bras. Il tombe au sol et l'homme de Berry lui saute dessus, tentant de lui enfoncer son poignard dans le corps. Handicapé par sa blessure, Méni faiblit lorsque, brusquement, Maurice relâche son étreinte et roule sur le côté, privé de sentiment, Méni voit alors M. Gigas qui tient encore la binette dont il a frappé l'agresseur sur le crâne.

— Méni, tu crois que je l'ai tué?

— Y a pas de risque, cette race-là a la vie chevillée au corps.

— Mais tu saignes? Il t'a blessé, le maudit! Faut que je te panse...

— Non, monsieur Gigas... J'ai pas le temps... Une course urgente...

En dépit des protestations du prêtre, Méni noue un mouchoir bien serré autour de son bras et s'en va. M. Gigas s'agenouille alors auprès de Maurice, lui relève la tête, tente de le ranimer tout en monologuant :

— Canaille, tu ne vas quand même pas t'obstiner à mourir, histoire de me charger la conscience d'un péché mortel, hein? Décide-toi à te réveiller, excommunié, sinon je t'assomme pour de bon! Seigneur, Vous êtes témoin que je ne pouvais agir autrement?

Alternant les gifles et les caresses, les malédictions et les prières, M. Gigas s'évertue à faire reprendre conscience au tueur de Charles Berry.

⁂

Dans son bureau, Berry calcule que si Maurice suit exactement ses instructions, il sera bientôt débarrassé du pêcheur et retrouvera la paix car il ne croit pas qu'après la mort de Méni, il y en aura d'autres pour prendre sa succession en épousant sa querelle. Si Maurice — un garçon sérieux en qui Charles a toute confiance — en termine très vite, cela suscitera quelques remous du côté de la police, mais Berry pourra prouver qu'il n'a pas bougé de son bureau, ce dont la secrétaire témoignera. Quel meilleur alibi?

Il en est là de ses réflexions rassurantes, de ses calculs apaisants, lorsque la porte de son refuge s'ouvre devant Méni que la secrétaire tente vainement de retenir. Berry n'a pas la force de se lever, tant la peur le paralyse. Il ne pense même pas — l'esprit coagulé — à prendre son revolver.

— Alors, ça vous suffisait pas d'avoir tué ma femme?

— Mais, que... Je... Vous ne...

Méni ôte sa veste et montre sa plaie.

— Le couteau de votre tueur, monsieur Berry... Il est venu me faire une commission de votre part... Puisqu'il est pas en état de le faire, je vous apporte la réponse moi-même.

Et sous l'œil horrifié, scandalisé, éperdu de la secrétaire, de sa main valide, Méni administre une série de gifles à Berry dont la tête ruisselante de larmes, ballotte sous les coups.

Après cette correction, le marin tourne les talons et s'en va. Dès que le danger est écarté, la secrétaire se porte au secours de son patron mais celui-ci, à moitié fou de rage et d'humiliation, hurle :

— Foutez le camp! Vous entendez? Foutez le camp!

***

Chez lui, Méni est occupé à panser la blessure infligée par le poignard de Maurice. Il n'est pas de bonne humeur et lorsque Louise se présente devant lui, elle n'est pas reçue avec tellement de gentillesse.

— Qu'est-ce qu'il y a encore? Tu rappliques pour me faire la morale? Me dire que tu es contre moi?

— Non, Méni... Je suis venue pour... pour te demander pardon.

— T'as donc changé d'idée?

— Oui... J'ai parlé avec Amédée... Il m'a expliqué. Je te demande pardon, Méni...

— Bon... Parlons-en plus...

— Tu sais, Méni, pour être franche, c'est pas tellement que je comprenais pas mais j'étais jalouse... Tout ce que tu entreprenais, je me figurais que c'était uniquement pour Marie.

— Un peu pour Marie, mais pas seulement...

— Je suis au courant, à présent... Méni, tu es toujours fâché?

Méni attire Louise contre sa poitrine.

— Mais non, tu es toujours ma Louise...

— Tu le jures?

— Je te le jure!

Et pour donner plus de force à son serment, le garçon étend le bras et le pansement avec lequel il avait rapidement dissimulé sa blessure à l'entrée de Louise, tombe. Louise voit la plaie et s'écrie :

— Seigneur Jésus! Tu es blessé?

— Pas grand-chose...

— Mais... Où as-tu récolté ça?

— Dans le jardin de M. Gigas.

— Tu te moques de moi?

— Non. Un des hommes de Berry m'y a attaqué.

Cette plaie que Méni porte au bras est le motif d'une réconciliation totale entre Louise et lui.

***

Le tableau, chez Berry, s'affirmait moins idyllique. Ayant rangé ses hommes de main devant lui — et parmi eux Maurice dont la tête est bandée — Charles les passe en revue. Leurs mines patibulaires semblent le rassurer comme l'épaisseur de leurs muscles.

— Ecoutez-moi, les hommes : j'ai l'intention de donner une leçon aux pêcheurs qui ont tué Fernand. Vingt-cinq mille par personne pour une heure de sport, ça doit aller, non?

Les voyous convinrent que cela allait, en effet.

— Attention! Il ne s'agit pas de tuer du bonhomme ni d'infliger des blessures graves. Albert, tu commanderas la manœuvre. Pas de revolver ni de couteau! Du coup de poing américain, de la matraque, des chaînes de vélo... Enfin, vous voyez le genre? De quoi infliger du dégât sans tomber dans les pattes de la Criminelle, vu? Quelqu'un a des précisions à demander?

Albert parla au nom de tous.

— Vous ne craignez pas, patron, sitôt que la bagarre aura commencé que quelqu'un parmi les péquenots appelle les flics?

— Il n'y a pas le téléphone au large, que je sache?

— Au large?

— Vous attaquerez les pêcheurs sur leurs lieux de pêche et vous tâcherez de démolir le plus possible : déchirez les filets, tâchez de crever les barques. Vous partirez deux heures après eux dans quatre canots automobiles qui vous attendront. Vous foncerez sur les types qui ne se méfieront pas et vous ferez du beau boulot sans gros risques. Maurice, tu serais sage de ne pas te mêler à l'affaire, avec ton crâne amoché.

— J'ai une revanche à prendre, patron, et je demande simplement qu'on me laisse m'occuper de Méni.

Les plans stratégiques les mieux établis craquent parfois pour un détail omis, pour une erreur infime, pour un oubli auquel on ne prend même pas garde mais dont l'Histoire s'empare pour le transformer en cause. Parce que Charles Berry avait abominablement traité sa secrétaire se portant à son secours, il s'en fit une ennemie irréductible. Comme Méni, elle n'acceptait pas l'injustice, elle s'indignait de l'injustice. Berry commit une autre erreur, et d'importance. N'attachant d'intérêt aux gens qu'autant qu'ils l'inquiétaient, il méprisait trop ouvertement cette secrétaire à peine vivante et dont la disgrâce physique s'était avérée, d'emblée, incapable de retenir son regard. La méprisant, il la rendait, d'autorité, digne de son mépris, et ne tenait aucun compte de sa présence. Pour lui, elle n'existait pas. Un tort, car sitôt que poussée par un obscur besoin de vengeance, la demoiselle, l'oreille collée à la porte, eut entendu les consignes données par Charles à ses hommes, elle s'esquiva sans bruit et gagna tout aussitôt le quartier des pêcheurs. Là, elle demanda Méni et quand elle fut en présence de ce dernier, elle lui apprit le complot destiné à ruiner les marins.

Cette nuit-là, il y eut un long conciliabule dans le café d'Honoré et, au matin, ne prirent la mer que les plus costauds, armés de triques, de crochets à poissons, de perches solides. Les pêcheurs, au grand étonnement de ceux n'étant pas dans le secret, n'emmenèrent avec eux que des filets ou des morceaux de filet hors d'usage. Et tout ce monde-là prit gaillardement la mer comme les Grecs de Thémistocle s'en furent à la rencontre des Perses, à Salamine.

Arrivés sur les lieux de pêche, les amis de Méni s'écartèrent les uns des autres ainsi qu'ils agissaient habituellement, mais dans la barque de Basile, qui dirige les opérations en l'absence — surprenante — de Méni, d'Honoré, d'Amédée, de Simon, d'Auguste, un homme armé de jumelles surveille la côte.

Vers dix heures, Basile annonça :

— Attention! Ils arrivent...

Mathias, qui se trouvait à son côté, empoigna son porte-voix et, sans forcer, les barques à moteur se rapprochèrent. Pendant ce temps les autres fonçaient; Albert, debout à l'avant de la première embarcation, menait la meute, une solide chaîne de vélo au poing droit. Dans une crique de la côte, à droite du point de départ des truands de Berry, dans trois barques, Méni et les anciens attendaient l'issue de la bataille pour, le cas échéant, couper la route aux agresseurs.

Maurice, qui ne pardonnait pas à Méni le

coup de binette reçu sur le crâne, rappelait à son ami :

— Albert, c'est promis, tu me le laisses?

— D'accord, mais fais gaffe! N'y va pas trop fort, hein? Tu te rappelles ce qu'a dit le patron?

— Te bile pas, vieux! Je lui fendrai juste un peu la tête, à moins que je lui crève un œil, histoire de l'obliger à se souvenir de moi!

Les pêcheurs ne semblaient prêter aucune attention à ces quatre bateaux leur arrivant dessus à toute vitesse, et les truands ne prirent pas garde que les embarcations des pêcheurs se rapprochaient de façon à dessiner une sorte de cercle s'ouvrant sur un goulet où le canot d'Albert s'enfonça délibérément, suivi des trois autres. Puis, brusquement, sur un ordre de leur chef, les bateaux des agresseurs choisirent chacun un adversaire et se présentèrent de flanc pour permettre aux équipages de sauter facilement chez l'adversaire. Mais lorsque l'envahisseur ne fut plus qu'à deux mètres, d'un seul coup les barques des pêcheurs se hérissèrent de perches au bout desquelles, en quelques secondes, les truands emportés — de même qu'aux joutes provençales — se retrouvèrent à moitié assommés dans l'eau. Alors, le massacre commença. Les marins, avec leurs crochets à poissons, cochaient dans les nageurs, les amenaient près de leur bord et leur flanquaient des horions tels que les gars étaient sûrs d'en porter les marques un sacré moment. Les voyous qui, par inadvertance, s'agrippaient aux embarcations de leurs ennemis, recevaient de tels coups sur les doigts qu'ils lâchaient tout en poussant des cris s'achevant sur d'étranges gargouillis.

Pour terminer ce bref engagement, il fallut que les marins repêchent la plupart de leurs ennemis et les empilent dans les canots les ayant amenés, afin qu'ils ne se noient pas.

Jamais les hommes de Berry n'avaient subi pareille correction.

*
* *

Sans en prévenir ses mercenaires, Charles Berry s'était rendu sur le rivage et, muni d'une puissante jumelle, il avait plus ou moins bien suivi le déroulement du combat mais savait qu'une fois de plus la partie s'affirmait perdue pour lui. Il en devenait fou de rage. Dans sa hâte de comprendre ce qui s'était passé, lorsqu'il vit ses troupes revenir, il voulut leur barrer le passage, tel un général essayant vainement de freiner la débandade pour renvoyer ses soldats à la bataille. Mais Berry se révélait trop énervé et il eut un mal fou à mettre en route son petit canot. Lorsque, enfin, il put s'élancer, le convoi des vaincus passait très au large du point où il se trouvait. Charles voulut retourner, mais il aperçut, venant à lui, trois embarcations à moteur naviguant de front. A la proue de chacune d'elles, un homme debout, et c'est cela qui, tout de suite, l'inquiéta. Mais il s'affola lorsqu'il reconnut, parmi ces navigateurs immobiles, Méni.

Charles Berry aurait pu fuir mais il se sentait comme paralysé. Puis, une colère énorme le submergea. Il décida d'en finir avec Méni. Il se persuadait qu'il n'y aurait plus de repos possible pour lui s'il ne se débarrassait pas de cet adversaire. Sans se soucier des autres, Berry fixa le seul Méni et, au moment où l'embarcation de ce dernier arrivait presque sur lui, Charles se baissa, prit une sorte de harpon et le lança de toute la force de sa haine. Il ne possédait pas un pied assez marin pour se permettre un tel exercice et, déséquilibré, non seulement il manqua son adversaire, mais chuta dans l'eau tête la première, tandis que son canot continuait sur sa lancée. Charles demeurait vigoureux en dépit de l'âge. Ramené à la raison par son bain forcé, il se mit à nager vigoureusement vers les embarcations ennemies mais, très vite, il constata que celles-ci s'éloignaient de lui lentement, à peu près à la vitesse de sa nage, si bien que la distance de deux mètres entre Berry et les autres, ne diminuait pas. Du coup, la peur empoigne de nouveau le gangster et il croit s'en soulager en injuriant ceux qui peuvent encore le sauver.

— Fumiers! Ordures! Assassins! Vous m'attendez, oui ou non?

Les marins ne répondent pas et ces hommes immobiles qui le surplombent créent la panique dans le cœur de Berry.

— Vous êtes donc des monstres? Crapules! Voyous! Pourris!

Quand il s'arrête de crier, le grand silence vivant de la mer reprend toute sa force. Dans ce silence, Méni se met à parler.

— Marie était la meilleure femme du monde...

Des deux autres barques les réponses montent comme à la messe.

— La meilleure...

— Elle ne voulait de mal à personne.

— A personne...

— Simplement, elle désirait être heureuse.

— Heureuse...

Dans l'eau, Charles, qui commence à se fatiguer, se soulève pour hurler :

— Qu'est-ce que j'en ai à foutre, de ta femme?

Méni continue comme si son ennemi n'avait pas parlé.

— Ce soir-là, elle croyait qu'elle avait de nouveau droit au bonheur.

— Au bonheur...

— Et puis on l'a tuée, sans raison.

— Sans raison.

— Et parce que je réclamais seulement la justice...

— Seulement la justice.

— On m'a mis en prison.

— En prison.

Berry use ses ultimes forces dans des insultes inutiles.

— Vous allez les fermer vos sales gueules de plouc! Au lieu de faire les clowns, sortez-moi de là, j'ai assez rigolé!

Méni se penche légèrement vers Charles.

— Un mot... Berry, un mot venu du cœur et je te tends la main!

— Merde!

Charles commence à couler. Au prix d'un violent effort, il remonte à la surface.

— Salauds! attendez-moi!

Mais les barques continuent leur chemin. Méni se tourne légèrement vers Amédée qui se tient à sa droite.

— Il est bien pourri jusqu'au dedans.

— Il mérite plus de vivre.

Méni se tourne vers Honoré qui est à sa gauche et le vieux confirme :

— Il mérite plus de vivre.

Tous les marins se découvrent tandis que Charles apparaît et disparaît à la surface, ne reprenant haleine que pour cracher de l'eau et des injures. La voix grave d'Amédée entonne le *Miserere.*

— *Miserere mei, Deus, secundum magnam misericordiam tuam...*

Tous les autres répondent :

— *Amen.*

— *Et secundum multitudinem miserationum tuarum dele iniquitatem.*

— *Amen.*

Berry remonte et hoquette :

— Tout l'ar... gent que... que vous... vous... vou... drez

— *Quoniam iniquitatem meam ego cognosco et peccatum meum contra me est semper...*

— *Amen.*

Charles Berry disparaît définitivement.

— *Libera me de sanguinibus, Deus...*

— *Amen.*

Amédée lève son visage ravagé vers le ciel.

— Et si tu juges qu'il y a péché dans la mort de cet impie, Seigneur, que le poids de Ta colère retombe sur moi seul.

***

Ce soir-là, Honoré, après avoir inscrit sur l'ardoise, la date du jour en face du nom de Berry, efface le tout.

***

Le commissaire, assis à son bureau, regarde Méni qui a pris place en face de lui. L'inspecteur principal Châtel se tient debout près de son supérieur.

— Si je vous ai bien compris, les hommes de Berry vous ont attaqués alors que vous étiez en train de pêcher et vous leur avez flanqué une râclée? Eh bien! C'est parfait, tout ça... Du moment qu'il n'y a pas eu mort d'homme, du moins de mort signalée, cela ne me regarde pas, je m'en lave les mains... Vous allez pouvoir vous retirer.

Méni se lève et s'apprête à gagner la porte lorsque le commissaire l'arrête.

— Un moment!... Je m'en laverais les mains, de vos histoires, si l'on n'avait pas repêché le cadavre de Berry, ce matin... Vous l'ignoriez?

— Je n'étais pas au courant.

— Vraiment? Il ne faudrait pas me prendre pour un imbécile, mon garçon! Hein? Sinon, je serais capable de me fâcher! Vous avez pas mal de chance que tous les témoins s'accordent pour affirmer que Berry n'a pas pris part à votre bagarre... Mais ce qui est plus curieux, c'est que vous non plus n'y étiez pas! Où vous teniez-vous pendant que vos amis se battaient?

— Chez moi.

— Bien sûr... Et naturellement, vous pourriez trouver des tas de gens susceptibles de l'affirmer?

— Je sais pas.

— Vous m'étonnez!... Eh bien! Moi, j'ai comme une idée que vous ne vous trouviez pas loin de Berry... Mais ce n'est qu'une opinion... Autant que je vous apprenne tout de suite, en ce qui concerne Charles Berry, le médecin légiste a conclu à la noyade pure et simple... Pas la moindre ecchymose... Pas la moindre trace de violence, et il était vivant quand il est tombé à l'eau... En somme, tout affirme votre innocence. Je l'affirmerais aussi s'il n'y avait eu les morts de Fernand Malifaux et de Me Craponne... Des morts naturelles? D'accord, mais entre nous, vous ne trouvez pas étrange cette étonnante bonne volonté que mettent vos ennemis à mourir? On dirait, ma parole, qu'ils ne peuvent plus vivre sous prétexte qu'ils vous ont offensé.

— Pas moi, monsieur le Commissaire.

— Pas vous? Et qui donc, alors?

— Dieu.

— C'est malin! Vous ne pourriez pas vous arrêter de vous foutre de moi, non? Croyez-moi, vous avez beaucoup, beaucoup de chance que ces trois morts naturelles nous aient débarrassés de trois fripouilles, autrement, je ne vous lâcherais pas!

— S'il en était autrement, monsieur le Commissaire, ces trois hommes ne seraient sans doute pas morts. Je peux m'en aller, maintenant?

— Comment voulez-vous que je m'y oppose?

Méni sortit lentement et le commissaire, nerveux, s'enquit :

— Votre avis, Châtel?

— Mon avis?... Il a tué Fernand, Craponne et Berry, mais je ne sais pas comment.

— Et nous ne pourrons jamais le prouver.

— Jamais.

— On se fera une raison, n'est-ce pas, Châtel?

— Sûrement, patron.

— Au fond, nous avons quand même de la chance que votre Méni soit honnête.

— C'est ce que Berry n'a pas compris.

***

Louise était venue attendre Méni sur la route.

— J'avais peur qu'ils te gardent!

— Non, maintenant, c'est fini... Je peux regarder les autres en face.

— Et t'as plus besoin de moi?

— J'aurais toujours besoin de toi, Louise.

— Mais, Marie, tu.. tu y penseras encore?

— C'est elle, à présent, qui pensera à nous parce qu'on a fait ce qu'il fallait faire. Demain, je parlerai à M. Gigas et quand le délai sera écoulé, je mettrai mon beau costume et j'irai te demander ta main.

— Oh! Méni!...

— Ah! Commence pas à pleurer! D'ailleurs, faut que je rentre pour réparer ma veste de pêche. Avec toutes ces histoires, j'ai laissé le travail.

— Si tu veux, je t'aiderai à la réparer? Ça sera un commencement!

Il lui sourit de toute sa tendresse avant d'acquiescer :

— Un bon commencement.

Et ils s'en allèrent, la main dans la main.

DERNIERS VOLUMES
PARUS DANS LA COLLECTION
LE CLUB DES MASQUES

IMPRIMÉ EN FRANCE PAR BRODARD ET TAUPIN
7, bd Romain-Rolland - Montrouge - Usine de La Flèche.
ISBN : 2 - 7024 - 0854 - 0